Ilka Scholz
Warum ich keine Skifahrerin wurde

Ilka Scholz

Warum ich keine Skifahrerin wurde

ATHENA-Verlag

Bibliografische Information der Deutschen Nationalbibliothek

Die Deutsche Nationalbibliothek verzeichnet
diese Publikation in der Deutschen Nationalbibliografie;
detaillierte bibliografische Daten sind im Internet über
<http://dnb.d-nb.de> abrufbar.

1. Auflage 2025
Copyright © 2025 by ATHENA-Verlag,
Mellinghofer Straße 126, 46047 Oberhausen, Germany
www.athena-verlag.de | info@athena-verlag.de
Alle Rechte vorbehalten
Umschlagfoto und Fotos im Innenteil: privat
Umschlagentwurf: Erik Scholz
Druck und Bindung: Majuskel Medienproduktion GmbH, Wetzlar
Printed in Germany
ISBN 978-3-7455-1199-4

Die Geschichten in diesem Buch sind inspiriert durch meine Zeit als Arzthelferin in einer Krebsklinik im Jahr 1970.
Ähnlichkeiten der beschriebenen Figuren mit noch lebenden oder bereits verstorbenen Personen sind nicht beabsichtigt und daher rein zufällig.

Inhalt

Am Bauzaun 11
Neue weiße Welt 13
Schwester Karin und Co 17
Ein wenig reden 21
Dialekte und Akzente 24
Warum ich keine Skifahrerin wurde 27
Finger auf den Tasten 30
Eine nachhaltige Wertanlage 33
Das Schädlerhaus 36
Mit der Axt durchs Haus 39
Diego und Yasmina 42
Nachtisch spezial 45
Arme Teufel 47
Menü des Tages 49
Das Spinnennetz 51
Mehr als fünf Minuten 53
Chronisch unterbeschäftigt 55
Heißer Kakao 58
Wie zu Hause 60
Herr Schöneberg grätscht dazwischen 62
Der Diskuswerfer 64
Markenmissbrauch 67
Mit den Peanuts zum Abitur 69
Aufstieg und Fall 72
Auf der Suche nach Selja 74

Freiwillige Übergabe   77
Chateau Neuf du Pape   80
Die Schönmalve   82
Die Nervensäge   85
Schwermut-Attacke   88
Hochgeschlagener Mantelkragen   90
Das Küchenmesser   92
Ausgebremst   94
Nachtfahrten   97
Ein ruhiger Pol   99
Im Labor   102
Keine Drogen   104
Fassadenrisse   106
Wie geht trampen?   108
Und was sagen die Eltern?   112
Notgeld aus Oberstaufen   114
Schlabbrige Cordhosen   116
Gegenseitiges Beschnuppern   118
Vom Allgäu zur Alb   120
Besuch bei Selma   123

Danksagung   125

Am Bauzaun

Im Herbst 2023 bin ich nach Oberstaufen gefahren, um Erinnerungen aufzufrischen. Genauer gesagt, Erinnerungen an das Jahr 1970.

Dass die Klinik, in der ich als Neunzehnjährige ein Jahr gearbeitet habe und die in den vergangenen Jahrzehnten mehrmals den Besitzer gewechselt hatte, zusammen mit sämtlichen Nebengebäuden 2021 abgerissen worden war, wusste ich bereits. Übrig geblieben war eine hässliche Brache, von einem Bauzaun umgeben.

Blick vom Bauzaun aus Richtung Ortsmitte

Vor diesem Bauzaun stand ich nun und ließ das, was ich sah, beziehungsweise nicht mehr sah, eine Zeitlang auf mich wirken. Auf dem Rückweg in den Ort tauchten Bilder in meinem Kopf auf, noch ungeordnet und begleitet von diffusen Gefühlen. Die Idee, meine Erlebnisse von damals aufzuschreiben, schob sich vor diese Bilder. Sie hatte vermutlich schon in mir geschlummert, bevor ich nach Oberstaufen kam.

In den folgenden Tagen drängten immer mehr Erinnerungen an die Oberfläche: Mir fielen nicht nur Menschen, Räume und Wege wieder ein, sondern auch kleine und größere Erlebnisse von damals. Bevor ich nach München zurückfuhr, war ich mir sicher: Auch ohne die Klinik noch einmal vor Augen zu haben, würde ich darüber schreiben können!

Wie gut, dass nicht alle Kontakte zu anderen »Ehemaligen« abgerissen waren. Die würden mich bestimmt unterstützen. Einer von ihnen ist mir gleich noch in Oberstaufen fast über die Füße gelaufen. Nach über fünfzig Jahren steht mir Jürgen Schwarz gegenüber, einer der nettesten Menschen, die ich damals kennengelernt habe.

Beide sind wir überrascht und sekundenlang sprachlos. Ich habe ihn vielleicht eine Sekunde früher erkannt und sage einfach: »Hallo Jürgen, ich bin die Ilka, erinnerst du dich noch an mich?«

Die unvergessliche Antwort von Jürgen, der offenbar schlechter sah als ich selbst und sehr nah an mich herangetreten war: »Die Ilka! Früher warst du dunkel.«

Wie Recht er hatte, der Gute. Meine Haare sind schon lange weiß, so wie der Schnee im Winter vor 53 Jahren.

Neue weiße Welt

Als ich Anfang Januar mit dem Zug in Oberstaufen ankam, war es schon dunkel. Fast zehn Stunden Bahnfahrt lagen hinter mir. Ich griff nach meinem kleinen Lederkoffer, verließ den Bahnhof und nahm mir, zum ersten Mal in meinem Leben und fast selbstverständlich, ein Taxi. »Bitte zur Schlossbergklinik«, sagte ich. Der Taxifahrer drehte sich kurz zu mir um und nickte. Was mochte ihm durch den Kopf gehen? »Eine neue Patientin? Am Samstag? Das wäre ganz was Neues!« Ich konnte nur eine neue Angestellte sein.

Er fuhr los, und ich kam aus dem Staunen nicht heraus; Oberstaufen schien zu leuchten. Wie konnte es so dunkel und gleichzeitig so hell sein? Alle Flächen waren weiß, überall sauberer, angehäufter Schnee und an der Straße zur Klinik rechts und links meterhoch zusammengeschobene Schneemassen mit schmalen Durchgängen zu den Haustüren.

Während der kurzen Autofahrt fiel mir meine kleine Welt ein, die ich in der Früh verlassen hatte: die rußgeschwärzte Bergarbeitersiedlung in Oberhausen Anfang Januar 1970.
   Ich wusste wirklich nicht, was mich erwartete. Der Begriff Krebsklinik war noch abstrakt und hatte mich nicht davon abgehalten, die angebotene Arzthelferinnen-Stelle anzunehmen.
   Zwei Tage vor Arbeitsbeginn war ich einfach losgefahren, mit sehr wenig Gepäck.

Mit meinen Eltern hatte ich vereinbart, dass sie mir die restlichen Sachen nachschicken sollten, wenn ich in Oberstaufen bliebe. Sie zweifelten stark daran und glaubten, dass mich das Heimweh schnell zurückbringen würde.

Das Taxi fuhr an den Parkplätzen vorbei und hielt direkt vor dem Haupteingang der Klinik, wo ich schon erwartet wurde. Im Eingangsbereich begrüßte mich etwas kühl die Oberschwester und führte mich zu meinem Zimmer im dritten Stock. Mir blieb gerade genug Zeit, mich kurz umzuschauen und einen Blick in den hell erleuchteten Speisesaal zu werfen, bevor ich mit ihr zum Aufzug ging. Die pompöse Ausstattung des Foyers fiel mir erst später auf.

In meinem Zimmer sah ich bodentiefe Fenster, einen Balkon, und ein eigenes Bad: lauter Dinge, die für mich neu waren. Einen kleinen Schreibtisch, den ich hier hatte, gab es zu Hause auch.

Ohne nachzudenken, wusch ich mir als erstes gründlich die Hände. Das erinnerte mich plötzlich an Oberhausen, besser gesagt, an meinen Vater. Wie oft hatte er mir eingeschärft, an Keime zu denken und mich davor zu schützen. Das funktionierte auch weit weg von zu Hause.

Ich war noch nicht fertig mit dem Auspacken meiner wenigen Sachen, da klopfte es an der Zimmertür. Ohne besonders überrascht zu sein, öffnete ich. Ein sympathisch aussehender junger Mann stand da, begrüßte mich freundlich und stellte sich vor: »Ich bin Dieter Lang, der Physiotherapeut hier in der Klinik.« Er habe mich vorher mit meinem kleinen Koffer am Empfang gesehen und sich gedacht, es wäre doch schön für mich, gleich am ersten Tag ein paar Leute kennenzulernen.

Dann fragte er, ob ich Lust hätte, mitzukommen. Er und ein paar andere wollten in den Ort gehen, um zusammen etwas zu trinken.

Ich kann nicht behaupten, dass ich Bedenken gehabt hätte. Ich freute mich einfach, dass ich den ersten Abend in völlig fremder Umgebung nicht allein verbringen würde.

Mit dem Physiotherapeuten und drei oder vier anderen Angestellten der Klinik ging ich den gleichen Weg zurück, den ich erst vor einer Stunde mit dem Taxi hochgefahren war. Mit dabei war Selma, Arzthelferin wie ich und etwa in meinem Alter, also 18 oder 19 Jahre. Sie war einen Monat vor mir angekommen. Wir mochten uns beide auf Anhieb.

Bei Tante Gretl, Wirtin und Namensgeberin eines kleinen Weinlokals in Nähe des Bahnhofs, kehrten wir ein. Als sie an unseren Tisch kam, um jeden einzeln zu begrüßen, spürte ich ihren freundlich-interessierten Blick auf mir. Als ob sie etwas erkunden wollte.

Im Laufe meines Oberstaufen-Jahres war ich öfter bei Tante Gretl und immer fühlte ich mich wohl bei ihr.

Tante Gretl war eine stattliche, etwa 60-jährige Frau. Ich sah sie ausnahmslos im dunklen Dirndl mit Spitzenbesatz und das vermutlich sehr lange, noch dunkle Haar geflochten und um den Kopf festgesteckt. Das erinnerte mich an meine Großmutter, die ihr langes Haar ähnlich trug.

Das Weinlokal am Bahnübergang war nicht nur für mich wie ein gemütliches Wohnzimmer, das wir oben in der Klinik nicht hatten und manchmal vermissten.

Auf dem Rückweg zur Klinik duzten wir uns alle schon. Wie ich in den nächsten Tagen feststellen konnte, war das Du der Normalfall, wenn man sich mochte; Beruf oder Alter spielten keine Rolle. Von Selma wusste ich inzwischen, dass sie von der Ostsee ins Allgäu gekommen war, ein richtiges Nordlicht also.

Was ich nicht wissen konnte, aber irgendwie ahnte, war die Vorstellung, dass ich zusammen mit ihr Pferde stehlen könnte.

Schwester Karin und Co

Bevor mich die Oberschwester, die mich am ersten Abend in Empfang genommen hatte, an meinem neuen Arbeitsplatz der Belegschaft vorstellte, erzählte sie mir auf dem Weg dorthin Interessantes über die Klinik: Eröffnung im Herbst 1969, also erst vor wenigen Monaten. Es gebe insgesamt vier Krankenstationen. Ich würde auf Station 1 arbeiten. Auf jeder Station lägen Schwerkranke, sprich Bettlägerige, und Patienten, die »nur« zur Reha da wären. Ihre Gemeinsamkeit: Bei allen hieß die Diagnose Krebs.

Was ich als Neuling auf »meiner« Station nicht sofort einschätzen konnte, wurde mir nach wenigen Wochen immer bewusster: Der Stationsleiter war Herr Merbeler, aber Schwester Karin, seine Stellvertreterin, war diejenige, die das Kommando hatte. Das lag vermutlich an ihrer größeren fachlichen Kompetenz, ein wenig aber auch an ihrem burschikosen Umgangston, dem ihre angeraute Stimme eine besondere Würze gab. Die raue Stimme verdankte Schwester Karin ihrer Lieblingssorte Zigaretten; filterlose *Rothändle*, von denen immer eine Schachtel auf dem Tisch lag.

Geraucht wurde damals überhaupt sehr viel. Dass nur drei Stockwerke über uns viele Lungenkranke lagen, werden viele gewusst haben, hinderte sie aber nicht, ungehemmt Nikotin zu inhalieren. Leider gehörte auch ich bald zu dieser Gruppe.

Schwester Karin war eine eher hagere Frau, um die 45, mit dünnen glatten Haaren und gelbgefärbten Zähnen. Sie besaß eine natürliche, unangestrengte Autorität; was sie anordnete, wurde erledigt. Außerdem war da noch ihr ganz eigener trockener Humor, den sie aus Berlin mitgebracht hatte.

Mit Dr. Dürwanger, einem unserer Stationsärzte, pflegte sie einen besonderen Umgangston. Der fast untergewichtige, leicht vorgebeugt gehende Dr. Dürwanger, der sich aus Österreich, genauer aus Linz, nach Oberstaufen verirrt hatte, kuschte regelrecht vor ihr.

Ob er ein guter Arzt war, weiß ich nicht, auf jeden Fall ein gewöhnungsbedürftiger. Stach ihn der Hafer oder sonst etwas, machte er irgendetwas Verrücktes.

Gefürchtet waren seine »Fahrten« mit einem am Stationsende geparkten Rollstuhl. Dabei kniete er sich mit einem Bein auf den Sitz, hielt sich vorne an den Griffstangen fest und stieß sich mit dem anderen Bein ab. Dann fuhr er mit immer größer werdender Geschwindigkeit zum Stationseingang, drehte den zweckentfremdeten Stuhl um 180 Grad und raste zurück zum Ausgangspunkt. Bevor der erreicht war, sprang er ab und ließ den Rollstuhl an die Wand krachen.

Als ich es einmal selbst miterlebt habe, war ich erschrocken und stand wie festgenagelt vor dem Stationszimmer. Was wäre passiert, wenn gerade ein Patient sein Zimmer verlassen hätte?

Dr. Dürwanger aber kam heiter und tiefenentspannt herangeschlendert, als wäre alles in bester Ordnung.

Derselbe Dr. Dürwanger nervte alle Mitarbeiter auf der Station, die sich seiner Meinung nach zu schnell bewegten, mit seinem persönlichen Mantra: »Eile ist kein Zeichen von Stärke.« – Wie oft haben wir das zu hören bekommen!

Schwester Karin behielt den dürren Arzt im Auge. Wenn sie meinte, es reiche mit seinen Tollheiten, bekam er gesagt, worum er sich als Nächstes zu kümmern habe. Und er folgte wie ein gelehriger junger Hund, ohne einen Hauch von Widerspruch. Ein funktionierendes Gespann, die beiden.

Der zweite Arzt auf unserer Station war Uwe Seitz, den ich schon vom ersten Abend bei Tante Gretl kannte und seitdem duzte. Uwe war nicht verhaltensauffällig. Auch er respektierte Schwester Karin, wobei ihm hierarchische Fragen auf der Station ziemlich gleichgültig waren. Er war von München nach Oberstaufen gekommen, um hier eine Zeit lang zu arbeiten, vor allem aber, um möglichst oft Ski fahren zu können. Skilifte in der Umgebung gab es damals reichlich. Während der Wintermonate war er nicht nur an arbeitsfreien Tagen mit seinen Skiern unterwegs, sondern oft auch noch in der langen Mittagspause während einer Schicht.

Das Gegengewicht zu Schwester Karin war der Pfleger Jürgen Schwarz. Jürgen war genauso geschätzt wie Schwester Karin, kompetent und zuverlässig, anders als sie aber extrem ruhig, fast leise. Er erzählte keine Witze und gehörte zu den wenigen Mitarbeitenden auf der Station, die nicht rauchten.

Besonders gern hatte ich Frau Markson. Zwar war sie die Frau eines bettlägerigen Patienten, aber für mich gehörte sie zur Belegschaft und war so etwas wie der gute Geist der Station. Sie schlief im Krankenzimmer ihres Mannes, half dem Personal bei dessen Pflege und packte auch sonst mit an. Trotz der unglaublichen emotionalen und körperlichen Belastung, der sie tagtäglich ausgesetzt war, blieb sie empfänglich für das, was um sie herum geschah. Als es mir einmal nicht so gut ging, weil meine Mutter in Oberhausen erkrankt war, war Frau Markson die einzige auf der Station, der das auffiel. Ohne Neugierde, vielmehr wohlwollend und besorgt, sprach sie mich darauf an. Ich käme ihr bedrückt vor, fast ein wenig fremd. Das hat mich damals sehr berührt und berührt mich noch heute.

Und dann war da noch Schwester Erika. Schwester Erika legte Wert auf Distanz. Sie zeigte weder Humor noch Empathie. Im Stationszimmer hielt sie sich vermutlich nur auf, weil ihr die Teeküche noch weniger gefiel.
 Als ich einmal den Fehler beging, sie einfach mit Erika anzusprechen, bekam ich eine kurze, unmissverständliche Antwort: »Für SIE immer noch SCHWESTER Erika!«
 Ihr Mann verhielt sich anders, aber keineswegs sympathischer. Auch er arbeitete als Pfleger auf unserer Station und stellte den jungen weiblichen Angestellten nach. Das war lästig und unangenehm. Ich ging ihm nach Möglichkeit aus dem Weg.

Ein wenig reden

Als so genannte »Stations-Arzthelferin« hatte ich nichts anderes zu tun, als die Patientenakten auf aktuellem Stand zu halten. Und das acht Stunden am Tag. Immer häufiger saß ich grübelnd in meinem winzigen Büro direkt neben dem Stationszimmer und dachte an meinen alten Arbeitsplatz in Oberhausen. Nicht, dass ich mich dorthin zurückgesehnt hätte, das sicher nicht. Aber mir fehlten die Abwechslung, das Tempo, der direkte Kontakt zu den Patienten.

In der Praxis in Oberhausen hatten oft um die zwanzig Patienten gleichzeitig im Wartezimmer gesessen; mit Termin kamen nur Privatpatienten, nach der regulären Sprechstunde. Die Arzthelferinnen dort waren Mädchen für alles – Anmeldung, Rezepte, Telefon, Labor, Assistenz bei kleineren Eingriffen. Und alles ging flott: Blut abnehmen, Verbände machen, EKG, Behandlungen mit Massagegeräten. Und zwischen allem hatten wir noch Zeit für kurze Plaudereien mit Patienten.

Im Gegensatz zum Chef, der sich vormittags regelmäßig eine Pause mit Kaffee und Zigarre gönnte – der Weg zur Privatwohnung war sehr kurz, nur zwei Türen und 15 Schritte vom Sprechzimmer entfernt – blieben die Helferinnen immer im Einsatz. Auch die quartalsmäßig anfallenden Abrechnungen mit sämtlichen gesetzlichen Krankenkassen gehörten zu ihren Aufgaben. Nur um die Privatrechnungen brauchten wir uns nicht zu kümmern. Kurz: Es war ein echter Vollzeitjob.

Verglichen damit fand ich meine neue Arbeit zunehmend öde.
Aber nur, bis ich anfing, mir hinter jeder Akte, allen Eintragungen und Messwerten den Menschen vorzustellen, zu dem die Aufzeichnungen gehörten. Ich kam auf die Idee, ein- oder zweimal am Tag mit einem Pfleger oder einer Schwester in die Krankenzimmer zu gehen, um mich nützlich zu machen. Der Stationsleiter und Schwester Karin hatten nichts dagegen. Sie hatten längst mitbekommen, dass ich unterbeschäftigt war.

Jetzt hatte ich endlich direkten Kontakt zu den Patienten, aber was ich erlebte, erschreckte mich zunächst. Bisher kannte ich nur Kranke, die über den Gang schlenderten oder zu den Essenszeiten in den Speisesaal eilten. Alles Patienten, die mobil waren und mehr oder weniger Zuversicht ausstrahlten.
In den Krankenzimmern sah ich Menschen, die bei jeder kleinen Berührung vor Schmerzen schrien, die zum Teil wundgelegen waren und nur unter größter Anstrengung umzubetten waren.
Das lag vor allem daran, dass es keine ordentlichen Krankenhausbetten gab. Ich erinnere mich an niedrige Holzbetten, die man nicht einmal verstellen konnte.

Die Bilder vom Tag gingen mir auch nach der Arbeit noch durch den Kopf. Da war das Gefühl, nicht wirklich viel tun zu können. Später sah ich das anders: Allein schon die Tatsache, dass wir, die jeweilige Pflegekraft und ich, eigentlich nie unter Zeitdruck standen, war ein großes Plus. Wollte ein Patient noch ein wenig reden, blieben wir bei ihm und hörten ihm einfach zu. Diejenigen, die ihre Ruhe haben wollten, behielten die Augen während des Kissenaufschüttelns und anderer kleiner Wohltaten geschlossen.

Fragte mich damals jemand, wie der Tag gewesen sei, konnte ich nicht mehr behaupten: »Es war langweilig!«

Dialekte und Akzente

Wer sich für Dialekte interessierte, fand in der Schlossbergklinik ein ergiebiges Forschungsgebiet. Die Allgäuer Mundart, in die ich mich überraschend schnell einhörte, war nur eine von vielen, die man hier hörte.

Deutlich langsamer gewöhnte ich mich an andere Dialekte; zum Beispiel an den speziellen Heimatsound von Marion und Rosi, die aus Rheinlandpfalz kamen.
Beide waren eigentlich gelernte Schneiderinnen und arbeiteten jetzt als Kellnerinnen im Speisesaal. Als Rosi mir einmal sagte: »Isch hannem Marion sei Platt gebrung.«, hätte ich fast nach einem Dolmetscher gerufen. Übersetzt hieß die Information: »Ich habe dem Marion seine Platte gebracht.« Marion war, in bester Pfälzer Mundart, »das Marion«!
Auch an einen Begeisterungsausruf von Rosi erinnere ich mich gern: »Isch könnt in de Eck scheiße un am Damp in de Höh krabbele.« Den verstand ich ohne Schwierigkeiten.

Schwester Ilona, eine kleine, rundliche Person, die wie ich auf Station 1 arbeitete und später in den Nachtdienst wechselte, war mundartmäßig ebenfalls eine Herausforderung.
Sie kam aus dem Dreiländereck Ungarn, Jugoslawien und Rumänien und war eine so genannte Donauschwäbin. Die in ihrer Kindheit gehörten Sprachen nisteten bruchstückweise noch in ihrem Kopf. Ihr Deutsch war deshalb immer gewürzt

mit fremden Zutaten aus ihrer Heimat, die der unkundige Zuhörer manchmal verstand, oft aber auch nicht.

Als sie mich einmal in Begleitung eines bärtigen Ersatzdienstleistenden gesehen und die richtigen Schlüsse daraus gezogen hatte, stellte sie mich gleich in ihrer nächsten Schicht auf der Station freundlich, und überraschenderweise auf Hochdeutsch, zur Rede. Vermutlich wollte sie sicher gehen, dass ich sie auch wirklich verstand. Sie sagte: »Fräulein Ilka, Sie sind so ein nettes, junges Mädchen. Was wollen Sie mit dem alten Mann?« – Der »alte Mann« hieß Hans und war 21 Jahre alt!

Einmal gab es einen so genannten »Tanzabend« – den einzigen, an den ich mich erinnere; das Übliche in der Klinik waren privat organisierte Feste. Ob es einen speziellen Grund zum Feiern gab, weiß ich nicht mehr; vermutlich ein von der Geschäftsführung anberaumter »Termin«, die sich von ihrer guten Seite zeigen wollte.

Der Tanzabend fand in einem Nebengebäude der Klinik statt, dem so genannten »Schwesternhaus«. Im Erdgeschoss befand sich der Gesellschaftsraum, darüber lagen die Zimmer für Schwestern und Pfleger.

Ich saß an einem Tisch mit Schwester Karin und der übrigen Belegschaft von Station 1.

Etwas leichtsinnig hatte ich fallen lassen, ich würde gern mit Dr. Nagy tanzen. Dr. Nagy war ein gutaussehender Gynäkologe, der als Oberarzt auf Station 2 arbeitete und angeblich ein Verhältnis mit unserer Oberschwester hatte.

Leider bekam Schwester Karin meinen Wunsch mit. Sie trennte sich kurz von ihrer Zigarette, die sie auf dem Aschenbecher ablegte, formte mit ihren Händen ein Sprachrohr, und rief laut und für alle gut hörbar durch den Raum: »László, unsere Ilka hier möchte mit dir tanzen.«

Mir war das schrecklich peinlich, am liebsten hätte ich mich davongeschlichen; gleichzeitig wunderte ich mich aber auch, dass der Arzt und Schwester Karin sich duzten.

Dr. Nagy nahm es gelassen. Ganz Kavalier, kam er lächelnd an unseren Tisch, forderte mich zum Tanzen auf, und brachte mich anschließend zurück an meinen Platz. Während unserer zwei Tänze unterhielten wir uns, und ich verliebte mich nicht nur in sein mit ungarischem Akzent gefärbtes Deutsch, sondern ein bisschen auch in ihn.

Als ich gegen Ende der Feier mit Selma durch das Foyer kam, sahen wir Dr. Nagy und die Oberschwester gemeinsam zum Turm-Aufzug gehen. Im Turm befanden sich unter anderem Personalzimmer. Oberschwester Ingeborg, im Dienst eher spröde, hatte sich bei ihrem Begleiter eingehängt und schien sehr angeregt, wenn nicht sogar beschwipst zu sein.

Selma und ich konnten uns ein Grinsen nicht verkneifen: Ausnahmsweise kursierte in der Klinik ein Gerücht, an dem etwas wahr zu sein schien.

Warum ich keine Skifahrerin wurde

Anders als der eine oder andere Beschäftigte in der Klinik war ich nicht nach Oberstaufen gekommen, um Sport zu treiben, am allerwenigsten Skisport.

Ich war und bin unsportlich und kannte nur flaches Land. Die höchste Erhebung in meinem bisherigen Leben war das Gefälle, das die Bergarbeitersiedlung Stemmersberg bot, in der ich aufgewachsen bin. Immerhin konnten wir dort früher sogar Schlitten fahren, wenn der Schnee einmal liegen blieb.

Darüber hätte ich vielleicht reden sollen, nachdem ich im winterlichen Allgäu angekommen war. Aber mir lag nichts daran, über meine Herkunft und meine kleine Welt zu sprechen, die ich gerade erst hinter mir gelassen hatte.

In der Schlossbergklinik arbeiteten Menschen, die Wintersport liebten, die ihre Ski vermutlich griffbereit neben der Zimmertür stehen hatten und jede Gelegenheit nutzten, sich auf einer Skipiste in der Nähe auszutoben.

Zwei von ihnen hatte ich am ersten Abend, gleich nach meiner Ankunft, kennengelernt; Dieter Lang, den Physiotherapeuten, und Uwe Seitz, den Stationsarzt auf »meiner« Station. Die beiden luden mich zum Skifahren nach Thalkirchdorf ein, wo es einen Sessellift gab. Ich hatte keinerlei Bedenken und kaufte mir umgehend einen Anorak bei *Hagspiel* unten im Ort, was bestimmt die Hälfte meines ersten Monatsgehalts verschlang.

Dieter und Uwe statteten mich mit allem Übrigen aus, was mir noch fehlte und was man so zum Skifahren brauchte.

An einem sonnig-kalten Wochentag fuhren wir los. Kaum angekommen und das Auto abgestellt, schnallten die beiden Herren mir die Ski an. Der Weg zum Lift war kurz. Die Zeit zum Nachdenken auch.

Ohne dass mir jemand erklärt hätte, wie das funktionierte mit dem Skifahren, saß ich im Sessellift. Und bevor ich Gelegenheit hatte, die Situation richtig einzuschätzen, waren wir auch schon oben. Ich, noch ziemlich benommen von der Fahrt, hörte nur mit halbem Ohr: »Raus mit dir, der Lift fährt weiter!« Ich sprang raus und – Überraschung – die ungeübten Knie ließen mich nicht im Stich.

In diesem Moment hätte ich vielleicht noch die Chance gehabt, Uwe und Dieter meine Meinung zu sagen. Vielleicht so: »Ihr spinnt doch wohl? Ich will runter vom Berg und zwar zu Fuß.« Aber das fiel mir erst ein, als es zu spät war. Und so fuhr ich, ahnungslos und blauäugig wie ein Baby, den Berg hinunter.

Von Uwe Seitz war nur noch die rote Mütze zu sehen, so schnell fegte der die Piste hinunter. Dieter war fürsorglicher und ahnte inzwischen, wie mir zumute war. Jedenfalls blieb er so lange es möglich war mit mir auf einer Höhe und versuchte das Beste aus der Situation zu machen. Ich hörte ihn rufen: »Stell deine Ski hangparallel!«

Das war sinnlos, weil ich die Aufforderung nicht begriff. Er wollte verhindern, dass ich zu schnell wurde und die Fahrt außer Kontrolle geriet. Die Fahrt geriet außer Kontrolle, aber ich kam – wie, weiß ich nicht – ohne Sturz, ohne Beinbruch, ohne Verrenkung, aber halb betäubt, ins Tal hinunter und zum Stehen.

Andere hätten sich vielleicht gesagt: »War doch gar nicht schlecht für das erste Mal. Einmal kräftig durchschnaufen und mit dem Skilift gleich wieder hoch!« – ich nicht!

Während die Betäubung sich langsam verflüchtigte, schnallte ich die Ski ab, ließ sie mit den Stöcken an Ort und Stelle liegen, und stapfte zum Auto. Nach einigen Abfahrten kamen Uwe und Dieter. Ich konnte ihnen nicht böse sein. Vielleicht hatten sie wirklich geglaubt, ich wüsste, was ich tue.

Heute stelle ich mir vor, wie es für mich unsportliche Seele anders hätte ablaufen können. Zum Beispiel so: Ich komme zufällig an der Skischule von Heidi Biebl vorbei und entdecke dort auf einer Tafel ein Kursangebot, das mich magisch anzieht; es ist wie auf mich zugeschnitten. Ohne zu zögern melde ich mich an. Es ist ein Anfängerkurs, gegliedert in folgende Schwierigkeitsgrade:
Stufe 1: Was Sie wissen müssen, bevor Sie zum ersten Mal in Ihre Skischuhe steigen.
Stufe 2: Skifahren für Nordlichter – Sie üben auf gefällelosem Terrain.
Stufe 3: Zusammen mit anderen Anfängern (ab drei Jahre) üben Sie Abfahrten abseits der Piste.

Aber leider kam es anders. Ich wurde keine Skifahrerin, nicht einmal eine schlechte.

Finger auf den Tasten

In der Klinik kursierten unentwegt Gerüchte. Ein großer Teil davon drehte sich um die schlichte Frage: »Wer mit wem?«

Dass der gutaussehende und verheiratete Dr. Nagy eine Beziehung mit der Oberschwester hatte, schien wahr zu sein, kümmerte aber kaum jemand. Solange die Partnerinnen der Ärzte etwas Abstraktes blieben, weil man sie gar nicht kennenlernte, regte sich niemand auf. Kamen sie aber öfter zu Besuch und waren auch noch so nett wie die Freundin von Dr. Seitz, sah die Sache anders aus – zumindest für mich.

Uwe gehörte zu jenen, die offenkundig in einer festen Beziehung waren und die ihre Finger nicht von anderen Frauen lassen konnten. Eines Tages war ich in sein Blickfeld geraten. Auf der Station hatte ich erwähnt, dass meine Eltern mir meine Schreibmaschine nachgeschickt hätten, die ich zwar nicht unbedingt bräuchte, aber bestimmt verwenden würde. Uwe hatte das mitbekommen und wollte wissen, ob ich ihm Schreibmaschineschreiben beibringen könnte.
    Warum nicht, dachte ich, und machte gleich einen Termin mit ihm aus.
    Ich bereitete mich ernsthaft vor, hatte in der Verwaltung genügend Papier organisiert. Uwe würde das ganze Programm lernen und sein Zweifinger-Suchsystem vergessen, falls er das überhaupt beherrschte.

Am vereinbarten Abend kommt ein aufgeräumter Stationsarzt ohne weißen Kittel in salopper Freizeitkleidung zum ersten Mal in mein Zimmer. Ein Hauch von Aftershave umweht ihn. Er schaut sich interessiert um und geht schweigend zu dem hübschen Mobile, das vor dem Fenster hängt. Ein Freund in Oberhausen hatte es mir zum Abschied angefertigt und mir nachgeschickt. Uwe tippt ein Teil davon an und versetzt damit das gesamte Mobile in Bewegung.

Sein Blick wandert weiter zu meinen wenigen Büchern und bleibt an der Schreibmaschine hängen. In der Maschine eingespannt ein Bogen Papier, daneben ein ganzer Stapel davon.

Bis jetzt haben wir noch kein einziges Wort miteinander gesprochen. Um das Schweigen zu beenden, setze ich mich an den kleinen Schreibtisch zwischen Bett und Fenster und fange an zu erklären. Hinter mir steht Uwe.

Meine Finger liegen gerade auf den Tasten, als seine Finger sich sachte auf meine Schultern legen und anfangen, kreisende Bewegungen zu machen. Überrascht und irritiert drehe ich mich um und frage: »Willst du überhaupt Schreibmaschine schreiben lernen?«

Er will, angeblich. Wir wechseln unsere Plätze. Uwe sitzt jetzt an der Maschine; aus dem stehenden Hünen ist ein ziemlich kleiner Mann geworden; ein »Sitzzwerg«, wie eine böse Zunge ihn einmal nannte, weil nur seine Beine lang waren, der Rumpf aber kurz.

Er legt seine Finger auf die Tasten und wartet auf Anweisungen.

Natürlich war alles nur Vorwand. Auch in der nächsten Stunde ging es nicht um das Maschineschreiben. Als ich wieder am Schreibtisch saß und Uwes Hände auf meinen Schultern spürte, geriet ich ins Schwanken. Ich zwang mich, an die sympathische Maria zu denken, die am Wochenende vielleicht wieder nach Oberstaufen kommen würde. Emotional schlingernd, entschied ich mich für Maria und gegen den durchaus anziehenden Uwe.

Ich stand auf, räusperte mich etwas verlegen, und erklärte den Kurs mit fester Stimme für beendet. Uwe schlingerte und schwankte auch; so schnell wollte er nicht aufgeben, akzeptierte dann aber meine Entscheidung.

Wir waren sozusagen quitt: Er als mein gescheiterter Skilehrer, ich als seine erfolglose Schreibmaschinenlehrerin.

Als Uwes Freundin am Wochenende aus München kam, konnte ich ihr offen in die Augen schauen.

Eine nachhaltige Wertanlage

Wer geht auf eine Auktion und ersteigert eine Schreibmaschine, die er nicht braucht und nie nutzen wird. Mein Vater, der brachte so etwas fertig.

Und langsam verstehe ich auch, was es damit auf sich hatte! Er muss die Schreibmaschine als »Wertanlage« gekauft haben, ohne an den Nutzen zu denken. Dass der sich später tatsächlich einstellte, hat ihn vielleicht sogar überrascht.

Zunächst stand die Schreibmaschine zu Hause herum und keiner wusste, was er damit anfangen sollte. Bis ich von mir aus anfing, mich mit ihr zu beschäftigen und sie ein bisschen kennenzulernen. Mein Vater hatte merkwürdigerweise nichts dagegen, wo er sonst so heikel mit allen Dingen war. Ich ging damals zur Realschule und wusste noch nicht, was ich einmal werden wollte. Stewardess kam ja nicht in Frage, nachdem meine Deutschlehrerin ein oder zwei Jahre zuvor festgestellt hatte, dass man dafür »hübsch sein« müsste!

Ohne zu ahnen, wie vernünftig die Entscheidung war, meldete ich mich zu einem Kurs an und lernte richtig gut Schreibmaschine schreiben.

Die *Triumph perfekt,* die mein Vater nach Hause gebracht hatte, war eine so genannte »Kleinschreibmaschine«. Neu kostete sie damals über 400 DM; das dürfte er gewusst haben.

Ein paar Jahre nach dem Kauf hat er sich von seiner »Wertanlage« wieder getrennt. Er baute eine stabile Kiste, versah sie mit einem Vorhängeschloss, verstaute darin die Schreibmaschine samt Koffer und schickte sie mir nach Oberstaufen nach.
Warum, weiß ich bis heute nicht.
Dachte mein Vater, dass ich die Maschine unbedingt brauchen würde? Warum sonst der ganze Aufwand und – vor allem – die Kosten? Oder war es seine spezielle Art, Zuneigung zu zeigen? Mit Worten oder Umarmungen klappte das bei uns zu Hause nicht. Vielleicht wollte er sich mit dem Bau der Kiste aber auch nur ablenken und sich unnütze Grübeleien vor meinem Wegzug aus Oberhausen ersparen.

Jedenfalls fand ich es praktisch, auch in Oberstaufen eine Schreibmaschine zur Hand zu haben. Ich konnte sie für viele Dinge gebrauchen und schrieb manchmal sogar meine Briefe an die Eltern auf der Maschine – wenn ich viel zu erzählen hatte.

Jahrzehnte später ein Traum: Es ging um ein Zahlenschloss, das man mir wegnehmen und entsorgen wollte. Als ich mich dagegen wehrte, wachte ich auf und erinnerte mich wieder; dass die Kiste, die mein Vater mir geschickt hatte, ein Zahlenschloss hatte und leicht zu öffnen war: Ich brauchte dazu nur die Zahlenkombination.
Wie umsichtig mein Vater gehandelt hatte, wurde mir jetzt erst bewusst.

Die Schreibmaschine hätte wie vieles andere auch im geräumigen Keller meiner Eltern verstauben können, bis sie schließlich auszogen und notgedrungen entrümpeln mussten.

Stattdessen kam sie nach Oberstaufen, begleitete mich von dort nach München und war bis Mitte der 1980er Jahre in Gebrauch.

Das Schädlerhaus

Zwei junge Schwesternhelferinnen, die einen Monat nach mir nach Oberstaufen gekommen waren, hatten Selma und mich zum Essen eingeladen, genauer gesagt ins »Schädlerhaus«.

Das nach seinem Eigentümer benannte Mehrfamilienhaus war von der Schlossbergklinik komplett angemietet worden, um neues Personal unterzubringen. Von seiner Existenz hatte ich bis dahin gar nichts gewusst.

Die Mädchen hatten uns den Weg erklärt: Die Schlossstraße hinunter, durch den Ort Richtung Bahnhof, bis zum zweiten Bahnübergang. Den sollten wir überqueren und noch ein Stück weiter die Geleise entlang laufen bis zum Haus. Die Strecke war eigentlich nur ein Stückchen weiter als bis zu Tante Gretl.

Es war noch strenger Winter, als Selma und ich an einem Abend loszogen. Die Straßen waren geräumt, es schneite nur leicht und wir brauchten nicht länger als eine gute Viertelstunde für den Weg zum Schädlerhaus.

Die Schwesternhelferinnen hatten für uns gekocht; es gab Spaghetti mit selbst gemachter Tomatensoße, bunten Salat, und anschließend zwei verschiedene Sorten Pudding mit Schlagsahne. Ich futterte, als wäre ich am Verhungern gewesen.

Danach saßen wir gesättigt in dem winzigen Wohnzimmer und ließen uns von den Mädchen ausfragen. Offenbar sahen sie in Selma und mir zwei Klinikerfahrene, was natürlich nicht stimmte. Wir tranken süßen griechischen Wein aus ehemaligen Senfgläsern. Den Wein gab es eine Zeit lang günstig bei *Feneberg* und wir hatten eine Flasche mitgebracht.

Ich wurde immer müder und hätte mich am liebsten auf dem Sofa ausgestreckt. Bis eine von uns auf die Idee kam, mal aus dem Fenster zu schauen: kein Mondlicht, keine Sterne, aber dicke Schneeflocken, die dicht an dicht auf die Erde schwebten.

Als hätten wir uns abgesprochen, sprangen Selma und ich auf und hatten es plötzlich eilig, in unsere Mäntel und Stiefel zu kommen. Eine flüchtige Umarmung, ein Dankeschön an die Gastgeberinnen – und weg waren wir.

Aber so schnell, wie wir die Mädchen verlassen hatten, ging es dann doch nicht weiter. Den Weg, den wir gekommen waren, sahen wir praktisch nicht mehr. Was wir sahen, war eine dicke neue Schneedecke.

Im Ortskern sah es nicht anders aus. Selbst die Straßenschilder waren schneebedeckt. Räumfahrzeuge fuhren um diese Zeit auch nicht mehr; sie würden erst am frühen Morgen wieder im Einsatz sein.

Mit vollem Magen und leicht schwächelnd hatte ich mich bei Selma eingehängt. Ich verließ mich auf ihre Orientierung, die hoffentlich besser war als meine.

»Wie schön wären jetzt geräumte Gehwege«, murmelte sie.

»Von Hausbesitzern liebevoll freigeschaufelt«, ergänzte ich schlapp.

Dabei es gab überhaupt keine Gehwege. Rechts und links von der Straße lag der Schnee noch genauso, wie an dem Abend als ich nach Oberstaufen gekommen war – hoch aufgetürmt, mit schmalen Schneisen zu den Hauseingängen. Für uns Nachteulen blieb nur die schneebedeckte Straße.

Dann hatten wir es endlich geschafft. So eine Anstrengung nach so viel Essen macht einfach keinen Spaß, dachte ich auf dem Weg zum Aufzug. Und was für ein Glück, ein Zimmer in der Klinik zu haben!

Als ich am nächsten Morgen auf die Station kam, sah ich sämtliche Schwestern und Pfleger plötzlich mit anderen Augen. Unabhängig davon, ob sie im Schädlerhaus wohnten, stellte ich mir den mühevollen Weg vor, den sie jeden Morgen vor sich hatten, wenn sie sich zur Frühschicht aufmachten. Zwar nicht mit vollem Magen, aber auf noch nicht freigeräumten Wegen und Straßen. Ich hielt das damals für eine enorme Leistung und bewunderte sie fast.

Den beiden Gastgeberinnen war der Weg vom Schädlerhaus zum Arbeitsplatz auf die Dauer anscheinend auch zu anstrengend. Sie kündigten bald und verschwanden aus meinem Leben.

Mit der Axt durchs Haus

Schwester Karin hatte die gesamte Belegschaft von Station 1 zu sich nach Hause eingeladen. Ich freute mich über die Einladung und den Tapetenwechsel. Die Fahrt aufs Land hinaus Richtung Rettenberg war kein Problem. Jürgen würde uns nach Dienstschluss in seinem Wagen mitnehmen.

Ich war fast ein wenig aufgeregt, als wir losfuhren und sah das alte Bauernhaus, das Schwester Karin vor Jahren mit ihrem Mann gekauft und nach und nach renoviert hatte, schon vor mir. Richtig gemütlich würde es bei ihr werden.

Unsere Gastgeberin hatte Jürgens Wagen wohl gehört; sie stand schon in der Tür, als wir ausstiegen. Wintermäntel und Anoraks stapelten wir im Flur auf einer alten Truhe, da die Garderobe vollgehängt war mit Wintersachen und Stallkleidung. Unsere Stiefel sollten wir anbehalten, es sei etwas kühl im Haus.
  Im Wohnzimmer wies Karin auf ein großes, ziemlich durchgesessenes Sofa und ein paar Korbstühle, die um einen niedrigen Tisch gruppiert waren.
  Darauf standen Gläser und Tassen sowie zwei große Kannen für Glühwein oder Tee, ganz nach Wunsch. Außerdem schüsselweise Chips und Salzstangen.
  Wie gut, dass ich nicht wirklich hungrig war! Dank Glühwein wurde mir bald warm und ich begann mich einigermaßen

wohlzufühlen. Karin unterhielt uns mit ihren Schnurren und rauchte noch stärker als im Dienst. Gelegentlich mischte sich Dr. Dürwanger in ihre Monologe, allerdings ohne die geschätzte Schwester wirklich von ihren Geschichten abzulenken. Es war fast wie auf der Station.

Plötzlich fährt ein Geräusch dazwischen. Jemand reißt die Haustür auf, lässt sie gegen die Wand knallen, bevor sie wieder zugeschlagen wird. Ein kräftig gebauter Mann im dunklen Anorak und mit blutverschmierter Schürze stampft wortlos an der offenen Wohnzimmertür vorbei. In der Hand hält er eine Axt. Wir hören wie eine andere Tür, wahrscheinlich zum Keller, geräuschvoll aufgerissen und gleich darauf zugeknallt wird. Dann herrscht Stille.
   Ich sitze zwischen Jürgen und Dr. Dürwanger auf dem Sofa. Plötzlich hellwach und klar, wird mir bewusst: Im Ernstfall kann ich die beiden vergessen. Aber was will man überhaupt gegen einen Tollwütigen mit einer Axt ausrichten? Der Glühwein in meinem Körper scheint auf einen Schlag verdunstet zu sein. Alle schauen auf Karin. Aber die gibt sich völlig unbeeindruckt und zündet sich wortlos eine neue Filterlose an.

Ich wartete auf eine Reaktion, egal von wem. Als nichts kam, behauptete ich vorlaut und absolut nicht wahrheitsgemäß, schrecklich müde zu sein. Die anderen verstanden den Wink und fühlten sich plötzlich auch sehr müde. Unsere Gastgeberin hielt uns nicht zurück. Im Flur zogen wir unsere kalten Mäntel an und flohen aus dem Haus.

Im sicheren Auto redeten plötzlich alle durcheinander: »Hat jemand verstanden, was da gerade los war?« – »Habt ihr die

Axt und die blutige Schürze gesehen?« – »Hätten wir die Polizei rufen sollen?« Die ganze Fahrt über sprangen die Fragen wie Tischtennisbälle hin und her. Nur einer beteiligte sich nicht, Dr. Dürwanger! Der war eingeschlafen und hatte seinen schmalen Kopf vertrauensvoll gegen meine Schulter gelehnt.

In den nächsten Tagen rätselten wir weiter und kamen zu keinem Ergebnis. Schwester Karin verlor kein Wort über die unheimliche Situation, die wir in ihrem Haus erlebt hatten, und sie zu fragen, traute sich niemand.

Später dachte ich manchmal, dass Dr. Dürwanger vielleicht mehr über Schwester Karins häusliche Situation wusste. Wieso sonst war er als Einziger nicht aufgeregt und hatte auf dem Heimweg wie ein Baby geschlafen? Auch das werde ich nie erfahren.

Diego und Yasmina

Manchmal erinnert man sich ein Leben lang an Menschen, auch wenn man wenig mit ihnen zu tun hatte. Irgendeine Auffälligkeit genügt und man vergisst sie einfach nicht. Diego und Yasmina gehören zu dieser Gruppe. Ein ungleiches Paar, das im Speisesaal arbeitete und jedem auffiel.

Wenn ich den schlanken, gutaussehenden und sehr selbstbewussten Spanier durch die Klinik laufen sah, dachte ich unwillkürlich an den schönen Zwerghahn meines Vaters. Es hing wohl mit Diegos auffälliger Art sich fortzubewegen zusammen. Grundsätzlich leicht beschleunigt bewegte er sich durchs Haus, den Hals gestreckt, das Kinn hoch, dabei die schmalen Hüften rhythmisch wiegend. Neben ihm oft seine Freundin, die sich schwertat, mit ihm Schritt zu halten. Ohne Diego in der Nähe bewegte Yasmina sich nämlich eher behäbig und grundsätzlich ohne Eile. Auffallend an ihr war das gescheitelte, nur am Hinterkopf hochtoupierte Haar, was sie um ein paar Zentimeter größer machte und von allen anderen jungen Frauen unterschied. Keine von uns bauschte künstlich ihr Haar auf, um es dann auch noch mit Haarfestiger zu verkleben.

Ihren ungewöhnlichen Namen verdankte sie vermutlich ihrem aus Marokko stammenden Vater. Ansonsten hatte Yasmina so gar nichts Exotisches an sich. Ihre Mutter war eine bodenständige Allgäuerin.

Im Gegensatz zu ihrem Freund war Yasmina an allen denkbaren Körperstellen weich gepolstert. Ob sie mit sich selbst, der Arbeit oder mit ihrem anziehenden Freund unzufrieden war – niemand wusste es. Jedenfalls schaute sie meistens missmutig drein, oder »massig«, wie man im Allgäu sagt. Lust, über die Ursache ihrer schlechten Laune zu sprechen, hatte sie offenbar nicht. Stattdessen hatte sie ein anderes Ventil gefunden, sich über ihr Gefühlsleben zu äußern und signalisierte damit allen in ihrer Nähe Stehenden und Vorbeigehenden: »Sprecht mich nicht an! Ich bin sauer!«

Anstatt das gereinigte Besteck in die dafür vorgesehenen Behälter neben der Schwingtür zur Küche zu legen, schmiss sie Messer, Gabeln und Löffel händeweise in die Fächer, dass es nur so schepperte. Ein Sound, der wundersamerweise mit den Geräuschen harmonierte, die aus der Küche drangen, wenn jemand durch die Schwingtür kam.

Diego sah immer aus wie aus dem Ei gepellt: akkurat gekleidet, die Bügelfalte seiner schwarzen Hosen vorbildlich, die schwarze Fliege niemals schief. Das glatte dunkle Haar ebenfalls gescheitelt und mit leichtem Glanz, aber nicht toupiert!

Niemand balancierte Tabletts so kunstvoll durch den vollen Speisesaal wie Oberkellner Diego. Die Zivis, die weniger kunstvoll und schon gar nicht professionell unterwegs waren, sollten von ihm lernten. Das taten sie auch und schauten genau hin.

So genau, dass einige anfingen, Diegos Mimik, seine Gehweise und die gekonnten Hüftdrehungen zu imitieren. Natürlich nur nach den Mahlzeiten, wenn der Saal sich wieder geleert hatte und weder Diego und Yasmina noch Vorgesetzte anwesend waren.

Als Meisterleistungen galten die Auftritte von Mario, auch er eher klein und schlank, aber längst nicht so elegant wie Diego. Er nahm einen großen Teller vom frisch eingedeckten Tisch, tat so, als sei dieser ein Tablett, stellte eine kleine Blumenvase oder ein Tellerchen darauf und begann vorsichtig und hochkonzentriert, ohne einen einzigen Gesichtsmuskel zu bewegen, die kostbare Last durch den leeren Saal zu jonglieren. Von der Empore aus konnte man alles gut verfolgen. Manchmal gab es Applaus.

Nach einer dieser Darbietungen kam mir am folgenden Morgen Diego entgegen, und spontan spürte ich Mitleid, Scham und so etwas wie Sympathie für ihn. Ich lächelte ihn an und wollte schon grüßen, als er wie üblich mit einem huldvollen Kopfnicken und ohne den Mund auch nur einen Spalt zu öffnen, an mir vorbeiging.
   Da dachte ich nur: »Was bist du für ein Depp, Diego!«

Anders als viele andere blieb das ungleiche Paar einige Jahre in der Klinik und heiratete irgendwann. Wie ich später von Marion und anderen hörte, änderte das nichts an Yasminas schlechter Laune.

Nachtisch spezial

Der Speisesaal war für eine Klinik, die auch Kassenpatienten aufnahm, ungewöhnlich aufwendig, geradezu vornehm ausgestattet: mit hoher Decke, holzvertäfelten Wänden und tief herunterhängenden Kronleuchtern. Auf allen Tischen täglich ausgewechselte weiße Tischdecken, Stoffservietten und Blumengestecke. Das Panoramafenster Richtung Südost bot bei schönem Wetter einen freien Blick Richtung Allgäuer Alpen.

Hier aßen die Patienten, die nicht ans Krankenbett gebunden waren, bedient und umsorgt von teils professionell ausgebildetem Personal, wie zum Beispiel Diego, größtenteils aber von angelernten Kräften wie Marion und Rosi und von »Zivis«, wie sich die Ersatzdienstleistenden der Einfachheit halber selbst nannten.

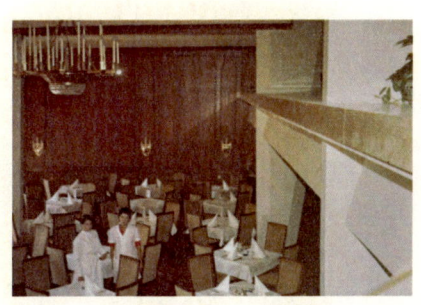

Oberhalb des Speisesaals, auf einer Empore, aß das Personal. Die Empore war ein offener Raum mit Holzverkleidung, der Platz für etwa 50 oder 60 Personen bot.

Speisesaal und Empore von der Freitreppe aus. Vorne links Marion und Rosi

Der Weg von der Küche, beziehungsweise vom Speisesaal, zur Empore hoch, ging über eine breite Freitreppe.

Ich erinnere mich an zwei oder drei Male, als ich abends selbst im Speisesaal saß. Nachdem die Empore wieder geräumt und die Patienten nach dem Essen in ihre Krankenzimmer zurückgekehrt waren, luden die Zivis vom Abenddienst zum »Nachtisch spezial«. Der Küchenchef war oft schon weg, bevor alles geräumt und gereinigt war, ebenso die Angestellten. Sie bekamen daher nie mit, was hinter ihrem Rücken in der Küche passierte. Auch Herr Schöneberg, Chef des Servicepersonals, wusste nichts davon.

Ein Grüppchen »geladener Gäste« fand sich ein, in meiner Erinnerung ausschließlich weitere Zivis, Selma und ich. Wir rätselten, was es Leckeres geben würde. Zwar kamen wir gerade erst vom Abendessen, aber für ein kurzfristig angesagtes Dessert waren wir immer zu haben.

Mindestens zweimal gab es Pfannkuchen, die nie auf dem offiziellen Speiseplan standen; für mich bedeuteten sie ein Stück Zuhause.

Hörten die Patienten während der regulären Essenszeiten leise und beruhigende Musik, dröhnten an den Nachtisch-Abenden Led Zeppelin, Deep Purple oder die Rolling Stones aus den Lautsprechern. Was für eine merkwürdige Kombination, denke ich heute: diese laute Musik und dazu biedere, hausgebackene Pfannkuchen.

Nach dem Essen räumten wir alles penibel auf, spülten das Geschirr und deckten den Tisch für das nächste Frühstück neu ein – bei dem wieder die gewohnte Musik erklingen würde.

Beschwerden gab es übrigens nie. Offensichtlich waren die Wände so gut gedämmt, dass niemand im Haus sich gestört fühlte.

Arme Teufel

Unsichtbar für die meisten Menschen in der Klinik waren die in der Küche beschäftigten Küchenhilfen. Nicht wenige hatten ein Alkoholproblem und verwendeten das Geld, das ihnen nach Abzug von Kost und Logis blieb, für neuen Alkohol. Nur die Zivildienstleistenden waren noch schlechter bezahlt als sie. Im Gegensatz zu diesen waren sie einfach nur billige Beschäftigte ohne Aussicht auf erfreulichere Zeiten. Sie bekamen auch keine Zimmer zugewiesen wie das übrige Personal, sondern hausten im Souterrain eines Gebäudes hinter der Klinik.

Wenn sie nicht gerade Kartoffeln schälten, Abfälle raustrugen oder sonst etwas zu tun hatten, standen die Küchenhilfen als »Schwarzspüler« zu zweit oder dritt im hintersten Winkel der Küche an einem Tisch mit tiefen Waschbecken und entfernten den gröbsten Schmutz von Töpfen und Pfannen, bevor alles in die riesigen Spülmaschinen kam.

Die meisten von ihnen blieben nur kurz, verschwanden plötzlich, oder wurden entlassen, weil sie tagelang nicht zum Dienst erschienen waren, ohne sich krankzumelden.

Es waren arme Hunde, für die sich niemand interessierte.

Einer von ihnen hatte, wie viele vor ihm, plötzlich keine Lust mehr zu bleiben und kündigte von heute auf morgen. Anders als die meisten, verschwand er aber nicht einfach, sondern kam zum Abschiednehmen noch einmal in die Küche zurück, seine Habseligkeiten in einem alten, fleckigen Pappkoffer bei sich.

Er stellte den Koffer, der nur noch von aufgesetzten Holzleisten und Metallverstärkungen an den Ecken zusammengehalten wurde, zwischen den beiden Schwingtüren ab und ging dann zu jedem einzelnen hin, um ihm die Hand zu geben. Dabei sagte er freundlich: »Machen Sie es gut.« Nachdem er sich von fast allen verabschiedet hatte und spürte, dass man ihn neugierig beobachtete, fügte er seinem Sprüchlein noch ein weiteres hinzu: »Ich gehe jetzt zum Bahnhof.«

Vielen war bewusst, dass der schmächtige Mann, der bis vor einem Tag noch in der Küche gearbeitet hatte, keinen neuen Job und noch weniger ein Dach über dem Kopf hatte.

Auch der Küchenchef hatte die Szene interessiert verfolgt und sah den armen Teufel auf sich zukommen. Er griff zu einem großen, leeren Gurkenglas, schüttete die vom Mittagessen übriggebliebenen Nudeln mit Spaghettisoße hinein und verschloss das Glas fest. Zusammen mit einer aussortierten, verbogenen Gabel, die er aus irgendeiner Schublade nahm, kam das Glas in eine Plastiktüte, die er dem Mann aushändigte. »Hier, damit du unterwegs wenigstens etwas zu essen hast.«

Der Mann bedankte sich gerührt und nahm seinen kleinen Koffer. Wäre ich nicht zufällig gerade am Mücheneingang gestanden, weil ich irgendetwas ausborgen wollte, hätte ich den denkwürdigen Abgang gar nicht mitbekommen. Auch vor mir war der Mann stehen geblieben, obwohl wir uns vorher nie gesehen hatten, um mir alles Gute zu wünschen.

Mit einiger Beklommenheit sah ich noch, wie er den Speisesaal verließ.

Menü des Tages

Der Eingangsbereich mit seinen schweren Polstermöbeln und Perserteppich sah – wie der Speisesaal – nicht nach einer Klinik aus.

Am Empfang arbeitete ein eingespieltes Team, mit Susanne an der Spitze. Susanne war das, was man heute »Front Office Assistant Manager« nennt und 1970 noch schlicht Empfangsdame hieß. Der heutige Begriff hätte gut zu ihr gepasst. Sie war tüchtig, schnell und intelligent, eine wahre Managerin.

Eine Schönheit war Susanne nicht. Sie hatte wulstige Lippen und eine großporige Gesichtshaut, die sie mit Schminke überdeckte. Ihr Kleiderstil war auffallend bis zur Schmerzgrenze. Einmal kam sie mit schwarzen Lacklederstiefeln, die bis über die Knie gingen, zur Arbeit. Dazu ein enganliegendes, kurzes Kleid. Ich fand das ziemlich unseriös, die Klinikleitung offenbar nicht.

Mit fast jedem männlichen Wesen, das nicht Patient war und länger als zwei Minuten an der Rezeption stand, begann Susanne zu flirten, egal ob Handwerker oder Pharmavertreter.

Dieses Getue kitzelte bei einigen von uns Jüngeren die Lust hervor, sie ein wenig zu ärgern. Das harmloseste, wenn auch gemeine, Vergnügen bestand darin, die täglich per Hand vom Empfangspersonal aktualisierte Menüfolge für den nächsten Tag umzuändern. Die Tafel hing rechts neben dem Eingang in den Speisesaal und war für jeden zugänglich.

Die arme Susanne muss unter ihrer Schminke jedes Mal blass geworden sein, wenn sie morgens entdeckte, woraus das Menü des Tages angeblich bestehen sollte. Aus »Nudeln mit Champignons in Rahmsauce« waren über Nacht »Rudel in Schamsauce« oder ähnlicher Unsinn geworden.

Das war nicht nett, aber manchmal mussten wir sie einfach ein wenig triezen.

Das Spinnennetz

Peter, ein Ersatzdienstleistender der ersten Stunde, war ein echter Frauenschwarm. Er war groß, schlank, dunkelhaarig; keiner von den langhaarigen, bärtigen Zivis, die bald die Klinik bevölkern sollten. Mit seiner leisen weichen Stimme zog er die Mädchen magisch an.

Den Spitznamen »Dr. Schiwago« verdankte Peter seiner Ähnlichkeit mit dem Schauspieler Omar Sharif. Der Kinofilm *Dr. Schiwago* lief damals sogar in Oberstaufen.

Leider zog die jüngere Version von Dr. Schiwago auch mich an. Schon kurz nach meiner Ankunft in der Klinik verhedderte ich mich in seinem Spinnennetz. Und niemand war da, der mich vor ihm gewarnt hätte, nicht einmal Schwester Ilona.

Was mich vielleicht vor einer herberen Enttäuschung bewahrte, war eine Lektion, die mein Vater mir erteilt hatte. Er, der in jungen Jahren selbst ein gutaussehender Mann war und mit Sicherheit Eindruck auf Frauen gemacht hat, hatte mir mit vierzehn, fünfzehn dringend empfohlen, auf der Hut zu sein. Sinngemäß lief seine Lektion darauf hinaus, dass im Prinzip jeder Kerl, der sich mir näherte, mehr oder weniger schlecht und daher unbedingt Vorsicht geboten sei.

Ganz spurlos war dieser Generalverdacht nicht an mir vorübergegangen. Jedenfalls verlor ich trotz meiner Verliebtheit nicht den Kopf und achtete mehr instinktiv als bewusst auf ausreichenden Abstand zwischen mir und dem attraktiven jungen Mann.

Als wir uns an einem Wochenende im Aufzug begegneten, neben ihm seine Freundin aus München, von deren Existenz ich nicht einmal etwas geahnt hatte, war das zwar ein Schock, ich gebe es gerne zu, aber es warf mich nicht aus der Bahn. Ich blieb äußerlich unbeteiligt, genau wie Peter. Wir standen uns im engen Aufzug gegenüber, als ob wir uns völlig fremd wären. Kein einziges Wort ging hin und her.

Für mich war die »Beziehung« beendet, bevor sie richtig begonnen hatte.
    Peter schien das erwartet zu haben. Er versuchte gar nicht erst, mich nach Abreise der Freundin mit irgendwelchen unglaubwürdigen Erklärungen umzustimmen.
    Viel später erfuhr ich, dass seine Zimmergenossen über alles informiert waren. Sie kannten natürlich die Freundin aus München und mussten ihm schwören, ihr nichts zu erzählen, damit sein Spinnennetz keine Risse bekam.

Mehr als fünf Minuten

Sex spielte keine geringe Rolle in der Klinik. Es gab kurzlebige und dauerhafte Beziehungen, und es gab, natürlich, die angedichteten Affären, die der puren Fantasie entsprangen.

Der Gipfel an Tratsch waren die Lästereien des Ehepaars Kamenich am Frühstückstisch auf der Empore. Britta, die Laborleiterin, und ihr Mann unterhielten sich mit Vorliebe und nicht gerade leise darüber, bei welcher Krankenschwester wieder Samen im Urin festgestellt worden war, und von wem der sein könnte.

Verantwortlich dafür, dass diese Untersuchungen überhaupt im Kliniklabor gemacht wurden, war Dr. Nagy. Als unser Hausgynäkologe behandelte er nämlich nicht nur Patienten, sondern untersuchte auf Wunsch auch weibliche Angestellte, die sich den Weg zum Facharzt nach Immenstadt oder Kempten ersparen wollten. So landete immer wieder eine Urinprobe im Kliniklabor und wurde anschließend zum Gesprächsstoff.

Ich glaube, die Kamenichs fanden das witzig. Aber das nur nebenbei.

Manche wiederum wollten von Sex nichts hören und nichts wissen. Eine Welt ohne Sex wäre für sie vermutlich eine bessere gewesen. Zu dieser Gruppe gehörte Frau Vogel, die Verwaltungschefin. Frau Vogel war unverheiratet, lebte für die Arbeit und würde irgendwann als ewige Jungfer sterben, das behaupteten jedenfalls ihre jungen Kolleginnen in der Verwaltung.

Eines Tages erschien Heike in der Verwaltung. Außer vielleicht Frau Vogel wusste jeder im Haus, dass Heike fest mit einem Engländer liiert war, der als Pflegehelfer in der Klinik arbeitete.

Sie kommt ins Büro von Frau Vogel und sagt: »Frau Vogel, ich bin schwanger und habe ein paar Fragen.«

Die Verwaltungschefin guckt ungläubig und sagt dann: »Meine Güte, Mädchen! Zweng den fünf Minuten! Hat sich das denn überhaupt gelohnt?«

Die Antwort von Heike: »Liebe Frau Vogel. Bei uns waren es mehr als fünf Minuten.«

Ich saß gerade auf eine Tasse Kaffee bei Dieter, dem hauptamtlichen Physiotherapeuten und meinem erfolglosen Skilehrer, als Heike zurück in die Bäderabteilung kam, wo sie beschäftigt war. Wort für Wort wiederholte sie, was Frau Vogel zu ihrer Schwangerschaft gesagt hatte. Dabei musste sie sich vor Lachen den Bauch halten, der sich schon ganz leicht wölbte.

Heike heiratete ihren Engländer und verließ mit ihm schon bald die Klinik.

Chronisch unterbeschäftigt

Herr Markson, und später auch ein weiterer Patient, Herr Trischler, waren Ausnahmen in der Klinik: Sie hatten immer einen vertrauten Menschen um sich, waren also nie sich selbst überlassen, auch an Wochenenden nicht.

Bei allen übrigen Patienten sah es anders aus. Sie lagen vollkommen allein oder mit anderen Kranken im Zimmer. Und nicht wenige bekamen fast nie Besuch. Der einfache Grund: Die Fahrten nach Oberstaufen waren damals für viele Angehörige zu lang oder zu aufwendig. Auch die Möglichkeit zu telefonieren war beschränkt: Hatte ein Anrufer Glück und kam durch, nannte er Namen und Zimmernummer des Patienten und wurde verbunden. Das geschah alles per Hand an einer großen Schaltanlage im Empfangsbereich.

Sobald die Rezeption nicht mehr besetzt war, in der Regel ab 18 Uhr, konnten keine Anrufe mehr entgegengenommen und weitergeleitet werden. Das hieß, kein Austausch mit Angehörigen oder Freunden nach dem Abendessen!

An den Wochenenden wurde es richtig prekär. Da erwartete man keine neuen Patienten, keine Handwerker, höchstens Besucher, die vereinzelt nach der Station und der Zimmertür eines Kranken fragten, und der Empfang war deshalb nur bis zum Nachmittag besetzt.

Als die Beschwerden sich häuften, musste die Personalabteilung sich etwas einfallen lassen. Etwas, das möglichst keine zusätzlichen Ausgaben verursachte. Ihr Blick fiel auf die chronisch unterbeschäftigten Arzthelferinnen.

Von einem Tag auf den nächsten wurden die vier Arzthelferinnen dazu verdonnert, abwechselnd an Wochenenden ab Nachmittag am Empfang zu arbeiten, sprich, den Telefondienst zu übernehmen.

Da konnte nicht viel schiefgehen, dachte man sich vermutlich. Wir bekamen eine kurze Einweisung, garniert mit der Warnung: »Ihr müsst schnell sein. Sonst kommen wieder Beschwerden.«

Viele riefen nämlich ausschließlich samstags und sonntags an, wenn ihre Angehörigen, wie in anderen Krankenhäusern auch, sich weitgehend selbst überlassen waren und außer den Mahlzeiten keine Ablenkung hatten.

Die Wahrheit war, dass wir den Ansturm von Anrufern kaum bewältigten. Mich stresste das gewaltig. Einerseits wollte ich so viele Verbindungen wie möglich zustande bringen, andererseits führte die Geschwindigkeit zu fehlerhaften oder unterbrochenen Verbindungen. Dazu kam die Ungeduld der Anrufenden, die wer weiß wie lange schon versuchten, endlich durchzukommen.

Nur die Älteren werden sich erinnern: Damals gab es noch Telefone mit Wählscheibe, ohne Nummernspeicherung und ausschließlich mit Schnur. Wenn da einer nervös und manchmal auch aggressiv wurde, weil er es zwanzigmal probiert hatte und immer wieder neu wählen musste, war das zwar verständlich, aber nicht hilfreich für die durchaus gutwilligen Aushilfen.

Jedenfalls hielten sich bei mir die Zahlen an geglückten Weiterleitungen pro Einsatz in Grenzen. Ob es den anderen genauso ging wie mir, weiß ich nicht mehr. Ich weiß nur noch, wie erleichtert ich war, als ich nach meinem Wechsel ins Labor vom Telefondienst befreit war.

Heißer Kakao

Fast jedes Mal, wenn in Oberstaufen wieder Schnee gefallen war, rannte ich hinaus, um durch die samtige weiße Pracht zu laufen und den Schnee anzufassen. Ich konnte einfach nicht genug davon bekommen.

Ich erinnere mich an eine »Wanderung« mit Selma: Wir gingen die schön geräumte Schlossstraße hinunter, durch den ebenso schön geräumten Ort, Richtung Staufen. Kaum waren wir über den Bahnübergang, war nichts mehr geräumt, nur noch tiefer Neuschnee.

Von Fortbewegung konnte schon bald nicht mehr die Rede sein. Unser Weiterkommen bestand hauptsächlich darin, uns mühsam durch den Schnee zu kämpfen. Wie Fischreiher an einem sumpfigen Seeufer versuchten wir, auf einem Bein stabilen Halt zu finden und nicht umzukippen, während wir das andere aus dem Schnee herauszogen.

Ständig lag eine von uns im frischen glitzernden Schnee, während die andere sich halb totlachte und versuchte, der im Schnee Liegenden wieder auf die Beine zu helfen.
 Manchmal lagen wir gleichzeitig auf dem kalten weißen Teppich und drückten mit Armen und Beinen Muster in seine unberührte Oberfläche um uns herum.

Das waren Späße, die ich aus meiner Kindheit nicht kannte und als junge Erwachsene in Oberstaufen umso mehr genoss.
Beim Aufstehen bemühten wir uns, unsere Muster nicht zu beschädigen. Als gute Freundinnen fanden wir grundsätzlich das »Kunstwerk« der anderen viel schöner als das eigene.

Womöglich waren wir kaum einen Kilometer weit gekommen, als wir uns eine gute Stunde später auf den Rückweg machten. Die Sonne stand inzwischen sehr tief und würde bald untergehen. Müde und vergnügt zugleich staksten wir Richtung Bahngleise. Ich fühlte mich wie eine Neun- oder Zehnjährige, die mit ihren Eltern einen Ausflug gemacht hatte und sich jetzt auf einen heißen Kakao zu Hause freuen durfte.

Den Kakao bekamen Selma und ich tatsächlich. Als wir bei Tante Gretl vorbeikamen, sahen wir Licht und klopften einfach an. Gewöhnlich öffnete sie ihre Weinstube erst später, heute saß sie allein im Gastraum, vor sich einen Berg Abrechnungen.
Tante Gretl kannte uns und ließ uns hinein. Während wir noch damit beschäftigt waren, unsere Stiefel schneefrei zu bekommen, hörten wir sie schon in der Küche rumoren, wo sie tatsächlich Kakao für zwei durchgefrorene Mädchen zubereitete.

Wie zu Hause

Mein erstes Zimmer lag im dritten Stock, der eine Verbindung zwischen Turmtrakt und Haupttrakt herstellte. Es war ziemlich groß und hatte einen Balkon nach Südosten. Vormittags schien dort die Sonne hinein, im Winter eine schöne Sache. Ich legte mich manchmal vor der offenen Balkontür auf den Boden und genoss die warme Sonne auf meiner Haut.

Sonnenbaden im Winter war eines der vielen Dinge, die ich in Oberstaufen zum ersten Mal erlebte und bald wie selbstverständlich hinnahm. Die kalten Winter im Ruhrgebiet waren so gut wie vergessen. Auch mein ungeheiztes Zimmer zu Hause vermisste ich nicht, wo zwar eine elektrische Heizung stand, aber aus Sparsamkeitsgründen so gut wie nie eingeschaltet wurde.

Nach wenigen Wochen zog ich vom dritten in den fünften Stock. Endlich kam ich zu den anderen jungen Angestellten aus der Pflege und dem Service, die hier oben, unter dem Dach des Längsbaus wohnten. Unter uns lagen die vier Krankenstationen.

Bevor ich nach Oberstaufen gekommen war, hatten auch die ersten Ersatzdienstleistenden ihre eigenen Zimmer im fünften Stock gehabt. Der Zustrom von neuem Personal hatte sie jedoch in den Turmtrakt verdrängt, wo sie in Mehrbettzimmern unter dem Dach untergebracht waren.

Das neue Zimmer war deutlich kleiner als das vorige, gefiel mir aber sehr. Der Platz genügte, und es war gemütlich. Auf der rechten Seite standen das Bett und ein kleines Schränkchen, in der Mitte ein einfacher Tisch und zwei Stühle; auf der linken Seite gab es bis zur Tür einen Einbauschrank.
Das kleine Bad war rechts von der Tür, mit winzigem Waschbecken und schmaler Dusche. Da wir alle schlank waren und außer Yasmina niemand Extrakilos mit sich herumtrug, meckerte niemand über die bescheidenen Maße.

Vom Dachfenster aus hatte ich einen noch besseren Blick als im ersten Zimmer. Jetzt konnte ich bei klarem Wetter nicht nur die Allgäuer Alpen sehen, sondern bis nach Österreich und zu den Schweizer Bergen schauen.

Meine Eltern hatten mir inzwischen ein paar praktische Dinge geschickt, zum Beispiel einen Tauchsieder und ein wenig Geschirr, damit ich auch mal Tee zubereiten konnte. Für Bücher, Bilder und Jung-Mädchen-Nippes blieb ebenfalls Platz.
Aus einem schlichten Zimmer war ein Nest geworden, in dem ich mich für den Rest meines Oberstaufen-Jahres wie zu Hause fühlte.

Herr Schöneberg grätscht dazwischen

Die meisten Ersatzdienstleistenden, die nach Oberstaufen kamen, fingen automatisch in der Küche an. Ganz wenige hatten Glück und bekamen vom ersten Tag an eine Arbeit zugewiesen, die ihnen behagte. Einer von ihnen war Rolf.

Seine Lieblingsaufgabe bestand darin, am Nachmittag ein Teewägelchen durch den Speisesaal zu rollen, und den Patienten das Gewünschte zu servieren: Kaffee, Tee, Kuchen. Dabei musste er weder Essensmarken einsammeln, noch Geld kassieren, sondern konnte sich ganz auf den Service und kleine Gespräche mit den Patienten konzentrieren.

Außerdem war Rolf »Etagenkellner« und versorgte die Patienten auf der Station des zweiten Stocks mit Essen. Das war anstrengender, weil es kein Teewägelchen zu schieben gab, sondern einen vollgepackten, schweren Essenswagen. Rolf brachte den Patienten Frühstück, Mittag- und Abendessen auf ihre Zimmer und kam somit auch mit denen in Kontakt, die zu krank waren, um in den Speisesaal zu gehen. Auch diese Arbeit war nach Rolfs Geschmack.

Ersatzdienstleistende waren beliebt bei den Patienten, besonders wenn sie wie Rolf keine Berührungsängste hatten und leicht mit den Bettlägerigen ins Gespräch kamen. Das bedeutete für beide Seiten Abwechslung. Wenn einer fragte, was Rolf vor seiner Ersatzdienstzeit gemacht hatte, konnte es passieren, dass der Arbeit und Zeit vergaß und ins Erzählen kam. Die noch nicht versorgten Patienten auf der Station mussten dann eben etwas länger auf ihre Mahlzeit warten. Und die beschwerten sich nie. Sie wussten ja, da war einer, der morgen oder übermorgen ein Viertelstündchen bei ihnen am Bett stehen bleiben würde, um sich mit ihnen zu unterhalten. Abgesehen davon hatten viele gar keinen Appetit und aßen nur, weil das Essen vor ihnen stand und weil beim Essen die Zeit verging.

Alles lief bestens und hätte auch so weitergehen können. Doch dann tauchte Herr Schöneberg auf, Rolfs Vorgesetzter, und grätschte dazwischen. Er versetzte ihn ohne Vorwarnung und ohne ihm eine zweite Chance einzuräumen in die Küche, wohl wissend, dass kaum jemand dort arbeiten wollte.

Obwohl ich als Arzthelferin beruflich nichts mit ihm zu tun hatte, sehe ich Herrn Schöneberg noch heute vor mir. Er konnte richtig freundlich und charmant sein, zum Beispiel zu mir, aber er konnte eben auch anders, wie es außer Rolf auch andere Zivis zu spüren bekamen.

Der Diskuswerfer

Rolf hätte klar sein müssen, dass Herr Schöneberg alle Kellner und Kellnerinnen im Auge hatte, ganz besonders aber die Ersatzdienstleistenden. Diejenigen, die im Service beschäftigt waren, standen generell im Verdacht, es mit der Arbeit nicht wirklich ernst zu nehmen.

Rolf nahm seine Aufgabe zwar sehr ernst, aber eben nicht im Sinne seines Vorgesetzten.

Und weil er regelmäßig einer der Letzten war, der mit seinem Essenswagen und schmutzigem Geschirr wieder in der Küche erschien, wo die Tellerwäscher schon auf ihn warteten, wurde er genau dorthin strafversetzt.

Abgesehen von der Lautstärke und dem rauen Umgangston, bot die Küche oft auch Abwechslung. Als eines Tages die Frau des Chefkochs in die Küche geschwebt kam, begann es zu knistern. Jeder, der schon länger bei Jäger und Co arbeitete, ging davon aus, dass es unterhaltsam würde. Rolf, der noch Unerfahrene, ließ sich gern überraschen.

Als ob ihr Mann für Parkprobleme zuständig sei, beschwerte sich Frau Jäger wortreich darüber, sie habe vor der Klinik keine bequeme Parkmöglichkeit gefunden. Auf ihrem Lieblingsparkplatz, direkt neben dem Haupteingang, unter den Balkonen, stand das Auto eines Kellners.

Frau Jäger war der Meinung, der Mann habe kein Recht, dort zu parken, und ihr Gatte solle das Problem doch bitte umgehend lösen. Der wollte seine Frau schnell vom Hals haben und versuchte es auf seine gewohnte Art, ruppig und schnörkellos: »He, Dario, stell gefälligst deinen Wagen woanders hin. Meine Frau will hier parken.«

Dario, ein ehemaliger Diskurswerfer im Profisport, umgänglich und im Kollegenkreis beliebt, hatte keine Lust umzuparken. Frau Jäger war zwar auch angestellt in der Klinik, besaß aber wie er keine Parklizenz. Seine höfliche Antwort Richtung Küchenchef: »Warum sollte ich das tun? Nennen Sie mir einen vernünftigen Grund!«

Mit Widerrede konnte Herr Jäger nicht gut umgehen. Und der gepflegte Ton des ehemaligen Diskuswerfers gefiel ihm auch nicht. Er fühlte sich von dem Exsportler auf den Arm genommen. Zornig rief er dem Kellner zu: »Jetzt mach, dass du deinen Schrotthaufen wegbewegst.«

Der Kellner blieb standhaft und weigerte sich, sein Auto auch nur einen Meter vom Platz zu bewegen.

So ging es hin und her. Die ununterbrochen auf ihn gerichteten Augen seiner Frau bohrten inzwischen Löcher zwischen die verspannten Schulterblätter des Chefkochs. Der griff schließlich zum äußersten und verbot jedem Hilfskoch, das Essen für die im Speisesaal wartenden Patienten an Dario auszugeben, solange der sein Auto nicht woanders abgestellt hatte.

Diese Ansage wirkte, allerdings anders als gedacht. Der sonst so friedfertige Dario, der sich schon öfter über Jäger geärgert hatte und vermutlich viel Verdruss in sich trug, verlor die Beherrschung. Rasend vor Zorn griff er nach den heißen Tellern, die vor ihm standen, und begann sie in Richtung Küchenchef zu schleudern. Die meisten Scheiben verfehlten ihr Ziel und flogen rechts und links an Herrn Jäger vorbei; ein Teller traf ihn aber an der linken Schläfe, nicht sehr weit entfernt vom Auge. Aus einer klaffenden Platzwunde floss viel Blut.

Nach einem kurzen stationären Aufenthalt im Krankenhaus kam Jäger wieder in die Küche zurück, an der Schläfe ein dicker Pflasterverband. Er soll vorübergehend weniger laut, regelrecht gedämpft, aufgetreten sein.

Überraschenderweise wurde Dario weder entlassen noch erstattete Jäger eine Anzeige; es ging das unbestätigte Gerücht, der Küchenchef fürchte sich vor weiteren Attacken außerhalb seines Machtbereichs.

Das Drama in der Küche hatte Rolf gefallen. Er sprach immer wieder davon und schmückte es jedes Mal weiter aus. Trotzdem sehnte er sich zurück zu Teewägelchen und Essenswagen und zu »seinen« Patienten.

Markenmissbrauch

Eines hatten viele Ersatzdienstleistende gemeinsam: Sie häuften Überstunden an. Die Personalabteilung war über die fleißigen Zivis zunächst sehr erfreut. Mit ihnen funktionierte nämlich auch an Wochenenden der Betrieb und zusätzliches Personal für den Küchen- und Servicebereich war nicht notwendig.

Der Nutzen zeigte allerdings auch Nebenwirkungen, an die zunächst niemand gedacht hatte: Je größer das Überstundenkonto eines Einzelnen wurde, desto mehr schrumpfte seine verbleibende Dienstzeit. Das bedeutete, dass einige sich statt nach den üblichen achtzehn Monaten schon nach fünfzehn Monaten oder noch früher verabschiedeten.
Das brachte die Planung durcheinander und setzte die Personalabteilung ziemlich unter Druck.

Dass die Klinik die Ersatzdienstleistenden nicht gerade zuvorkommend behandelte und sie hauptsächlich als billige Arbeitskräfte ansah, war offensichtlich. Manchen war das von Anfang an bewusst, manche brauchten etwas länger, bevor sie es auch begriffen.
Die meisten arrangierten sich – mehr oder weniger unzufrieden – mit der Realität. Zwei oder drei von ihnen schickten Beschwerden an das Bundesverwaltungsamt und beantragten ihre Versetzung.

Zwei oder drei andere, die im Service arbeiteten, hatten eine andere Idee: Sie fingen an, Essensmarken zu verkaufen oder für »Gäste« zu verwenden.

Das Ganze lief so ab: Für jedes Essen, das auf die Empore zu den Angestellten kam, nahmen die Ersatzdienst-Kellner eine Essensmarke entgegen. Die Marken wurden gesammelt und sollten dann unten in der Küche abgegeben werden. Es kamen aber nicht alle Marken dort an; ein Teil von ihnen blieb in den Taschen der Kellner. Die einen verkauften sie verbilligt an das Personal, andere sammelten die Marken und verwendeten sie für Freunde und Verwandte, die an den Wochenenden oder auch länger zu Besuch kamen und sich auf Kosten des Hauses satt aßen.

Der Küchenchef durchschaute den Markenmissbrauch und versuchte gegenzusteuern. Er drohte jedem Einzelnen Strafen an, sollte er ihn in flagranti erwischen. Aber kein Zivi machte den Fehler, die Essensmarken unter Jägers Augen an den Mann zu bringen. Und solange er keine Beweise hatte, konnte der Küchenchef nur wütend drohen.

Zeit und Lust, einen der Tatverdächtigen zu überlisten, indem er sich irgendwo auf die Lauer legte, hatte er offenbar nicht.

Irgendwann war Schluss mit den Marken. Sie wurden von einem Tag auf den anderen wertlos. Was nach den Marken kam, weiß niemand mehr.

Mit den Peanuts zum Abitur

Schon bald fühlte ich mich unter den Ersatzdienstleistenden besonders wohl, und andere Bekanntschaften rückten unmerklich in den Hintergrund. Ich hörte aufmerksam zu, wenn sie von ihren Plänen sprachen und davon, wie es nach ihrer Zeit in Oberstaufen weitergehen würde. Für die Abiturienten unter ihnen stand fest, dass sie studieren würden. Es dauerte nicht lang, bis ich selbst anfing zu überlegen, wie es mit mir nach Oberstaufen weitergehen würde.

Ähnliche Gedanken hatte auch Selma. Immer öfter sprachen wir davon, das Abitur nachholen zu wollen, ohne im Entferntesten zu wissen, wie das funktionieren sollte.

Natürlich waren nicht alle Zivis Abiturienten und nicht mit jedem war ich befreundet. Aber diejenigen, die etwas in mir auslösten und mich zum Nachdenken brachten, waren geborene Lehrer. Sie teilten ihr breit gefächertes Allgemeinwissen mit anderen, ohne damit zu prahlen und ohne hochmütig zu sein.

Einer von ihnen war Hans, mit dem ich seit dem Frühjahr zusammen war, der andere Edvin.

Der schmächtige Edvin war ein Multitalent und bot Sprachkurse an. Susanne vom Empfang »buchte« Italienisch, ich entschied mich für Englisch. Wie sich herausstellte, würde ich die einzige Teilnehmerin sein.

Auf die erste Stunde war ich sehr gespannt. Mit welchem Lehrbuch würde ich lernen? Mit demselben wie in der Realschule, an die ich mich kaum noch erinnerte? Wohl kaum.

Am verabredeten Abend kam Edvin pünktlich in den fünften Stock und hatte außer einem schmalen Taschenbuch, gefüllt mit *Peanuts*-Comics, nichts dabei. Damit wollte er meine Englischkenntnisse auffrischen.

Ich hatte nichts dagegen und las eine Zeitlang zwei Mal in der Woche nach der Arbeit, jeweils für eine knappe Stunde, Comics und übersetzte sie brav ins Deutsche. Zwischen jede *Peanuts*-Geschichte passte noch eine Prise Grammatik, für die mein Lehrer kein Buch benötigte. Er hatte alles in seinem Gedächtnis gespeichert und war mit seiner Schülerin sehr zufrieden.

Wie mit Rolf blieb auch der Kontakt zu Edvin über die Jahrzehnte hinweg bestehen. Wir sahen uns nicht oft, besuchten uns aber immer wieder mal.

Als ich nach meinem Germanistikstudium, also Jahre nach Oberstaufen, Deutsch als Fremdsprache unterrichtete und einmal den Nerv hatte zu behaupten, Deutsch sei doch eine schwierige Sprache, holte Edvin tief Luft, bevor er reagierte. Ich ahnte schon, was kommen würde: Ein empörter Einspruch gegen meine kecke Behauptung, eingeleitet durch ein nahezu lautloses, fast verlegenes Lachen. Dazu spitzte mein ehemaliger Englischlehrer genau wie früher seine Lippen, durch die ein paar Mal hintereinander ein dünner, kurzer Lufthauch entwich. Danach setzte er zu einem knappen und gehaltvollen Vortrag an. Darin machte er mir unmissverständlich klar, dass Deutsch, zum Beispiel im Vergleich mit dem Chinesischen, ein schlichtes Kinderlied sei.

Dem hatte ich nichts entgegenzusetzen, guckte Edvin nur schweigend an und hätte fast laut gesagt: »Du alter Klugscheißer!«

Das war natürlich gemein. Aber mit der Zeit fand ich Edvins Stegreifvorträge zunehmend nervig und hätte das eine oder andere Mal gern darauf reagiert.

Aufstieg und Fall

Edvins Ersatzdienstzeit in Oberstaufen begann in der Küche, genauer gesagt als Spüler. Seinen Lerntrieb konnte und wollte er auch dort nicht zügeln. Solange es nichts auszukratzen, vorzureinigen oder zu leeren gab, stand er neben einer der riesigen Geschirrspülmaschinen und lernte zum Beispiel Finnisch. Dazu brauchte er nur ein kleines Lehr- oder Wörterbuch, das sich bei Bedarf schnell in der Hosentasche verstauen ließ.

Wie das beim Küchenchef ankam, hat Edvin aus seinem sonst beispiellos guten Gedächtnis verbannt. Andere Zivis erinnern sich noch gut. Einen gescheiten, nie aufmüpfigen Abiturienten ertragen zu müssen, der den Dauerlärm in seiner Küche einfach ausblendete, indem er Vokabeln lernte, schien das Toleranzvermögen eines Herrn Jäger zu überfordern. Er fühlte sich von Edvin offenbar provoziert und benutzte ihn als Blitzableiter für seine Wutausbrüche.

Aufatmen nach zwei Monaten: Edvins unaufhaltsamer Aufstieg begann. Zuerst die Beförderung zum Klinikboten, dann zum Büro- und Laborgehilfen. Überall leistete er gute Arbeit, was ihm in kürzester Zeit einen Arbeitsplatz in der Verwaltung einbrachte, genauer, in der Abrechnung. Der mathematisch begabte und stets gepflegt gekleidete Abiturient wurde dort mit offenen Armen empfangen und genoss höchste Wertschätzung.

Leider nur für kurze Zeit. Der »Rechengehilfe« nahm seine Aufgabe wie erwartet ernst, prüfte aber jedes kleine Detail so gründlich, ja pedantisch, dass alle um ihn herum ungeduldig wurden. Außerdem stellte er lästige Fragen, die den Betrieb aufhielten. Mit dieser Gewissenhaftigkeit hatte wohl niemand gerechnet, als man Edvin freundlich in der Verwaltung aufnahm.

Die Jahresbilanz abschließen konnte er nicht mehr. Bevor er die gesamte Verwaltung lahmlegen würde, versetzte man ihn in den Servicebereich. Er arbeitete dort wie viele andere Zivis auch im Speisesaal und als »Etagenkellner«.

Anders als die meisten mochte Edvin diese Arbeit nicht. Der Frustrationspegel stieg so gewaltig, dass sogar meine Englischstunden darunter litten. Mehr als einmal musste ich mir Edvins neugewonnenen Ansichten anhören: Alle Ersatzdienstleistenden seien hier in der Klinik nur billige Arbeitskräfte und würden gewissenlos ausgenutzt.

Er beschwerte sich schließlich und kam wunschgemäß als Hilfspfleger auf eine der Krankenstationen. Schon bald wollte Edvin nicht mehr, wie ursprünglich geplant, Germanistik studieren, sondern Medizin.

Auf der Suche nach Selja

Als Selja im Winter in der Klinik auftauchte, war Edvin wie elektrisiert. Er hatte wochenlang neben der Spülmaschine Finnisch gelernt und nun war plötzlich jemand da, mit dem er sich auf Finnisch unterhalten konnte. Nun ja, es ging ziemlich holprig, wie er selbst einräumte, aber immerhin.

Leider hatte Selja nur einen zeitlich befristeten Vertrag und war nach drei Monaten wieder verschwunden. Edvin war anzumerken, dass ihm etwas fehlte. Ob er sich in Selja verliebt hatte oder nur den Austausch in ihrer Muttersprache vermisste, blieb unklar.

Jeder ging davon aus, dass er viele Briefe schreiben würde – selbstverständlich auf Finnisch – um die Zeit bis zum Wiedersehen zu überbrücken.

Manchmal fragte ich mich, ob ich nicht auch Finnisch lernen sollte. Die Lobeshymnen auf diese Sprache mit den langen Wörtern versprachen Lernfreuden, die unvorstellbar waren.

Es blieb dann aber bei meinen Englischstunden mit den *Peanuts*. Schließlich hatte ich weder das Talent meines Lehrers, noch sein famoses Gedächtnis, geschweige denn eine tosende Spülmaschine, an deren Seite ich diese seltsame Sprache hätte lernen können.

Bei Edvin hatten sich bis zum Sommer viele Überstunden angesammelt und damit konnte er seinen Jahresurlaub deutlich verlängern. Er reiste nach Finnland, um seine ferne Freundin zu besuchen. Angemeldet hatte er sich nicht, er hatte auch keine Briefe geschrieben. Ihm genügte ihre Adresse, irgendwo im nördlichen Finnland, genauer gesagt in Lappland.

Die Suche nach Selja war kompliziert, weil sie, was Edvin nicht wusste, von einem Einödhof kam. Hartnäckig fragte er sich durch und landete schließlich tatsächlich am richtigen Ort, wo er aber nur ihre Eltern und Großeltern antraf. Selja war mit einer Freundin gerade in Frankreich.

Edvin beschloss, sich die Zeit in Lappland zu vertreiben, bis Selja zurückkam. Er erkundete die menschenarme Gegend um Rovaniemi und Kittilä und kam mit erstaunlich vielen Einheimischen in Kontakt. Der schmächtige Deutsche, der ihre Sprache immer besser sprach und zu Hause den Wehrdienst verweigert hatte, war ihnen sympathisch. Manche von ihnen vergaßen vielleicht sogar vorübergehend, was deutsche Soldaten ihrem Land vor nicht allzu langer Zeit angetan hatten.

Nach wenigen Wochen sprach Edvin nicht nur fließend Finnisch, sondern hatte sich auch mit finnischen Gebräuchen vertraut gemacht. Mehr als einmal saß er mit Bauern in der Sauna und konnte sich schließlich kaum noch vorstellen, in Deutschland jemals wieder in eine Badewanne zu steigen. »Viel zu unhygienisch und zu viel Wasserverbrauch«, sagte er nach seiner Rückkehr.
Wie gut, dass es in der Schlossbergklinik nur Duschen gab!

Inzwischen dachte der deutsche Tourist kaum noch an die finnische Freundin. Als sie sich dann wiedersahen, stellte er fest, dass er gar nicht verliebt war. Außerdem störte ihn plötzlich, dass Selja mindestens sechs Jahre älter und einen halben Kopf größer war als er. In Oberstaufen hatte ihn das nicht gestört.

Ich stelle mir vor, dass die junge Frau erleichtert gewesen sein muss, als Edvin sich schließlich von ihr und ihrer Familie verabschiedete. Sie, ihre Eltern und die Großeltern fanden es wahrscheinlich ziemlich anstrengend, von einem Deutschen Vorträge über ihre eigene Sprache anhören zu müssen, deren Feinheiten sie gar nicht interessierten.

Ganz und gar nicht entmutigt kehrte Edvin nach Oberstaufen zurück und nahm seine Arbeit als Zivi wieder auf. Seine zahllosen Finnland-Erlebnisse hatte er nahezu lückenlos in sein schmales Reisetagebuch notiert, aus dem er nach seiner Rückkehr vorlas. Ausschmückungen, die ihm beim Lesen einfielen, trug er frei vor.

Die Leseabende entpuppten sich als kulturelles Highlight. Sie zogen fast so viel Publikum an wie die Filmvorführungen im Speisesaal. Wegen des großen Andrangs konnten sie nicht wie geplant im fünften Stock stattfinden, sondern mussten in die »Delfter Stube« verlegt werden, gleich neben der Empore.

Im folgenden Sommer, nachdem er seinen Ersatzdienst längst beendet hatte, reiste Edvin wieder nach Finnland. Dieses Mal wollte er den Süden des Landes kennen lernen. In Helsinki lernte er eine Exilestin aus Tallin kennen und fing auf der Stelle an, Estnisch zu lernen.

Von Selja hörte er nie wieder etwas.

Freiwillige Übergabe

Joachims erster Job als Ersatzdienstleitender war Küchenarbeit, eine Tätigkeit, die ihm überhaupt nicht gefiel. Im Gegensatz zu Edvin fand er keine »Nebenbeschäftigung«, um sich mit der speziellen Atmosphäre in der Küche zu arrangieren.
Wie sich bald zeigte, brauchte er das auch nicht. Man holte ihn völlig überraschend von seiner Spülerarbeit weg und ernannte ihn zum »Kulturreferenten«, eine Stelle, die eigentlich gar nicht vorgesehen war. Für Joachim begann eine gute Zeit; die neue Arbeit bescherte ihm ein eigenes kleines Büro und ließ ihm viel Handlungsspielraum. In kurzer Zeit entwickelte er ein Kulturprogramm, unter anderem mit Lichtbildervorträgen und Filmvorführungen. Der Speisesaal war dafür bestens geeignet. Einer der ersten Filme, der den Saal füllte, war »Lilien auf dem Felde«, mit Sidney Poitier.

Dann hatte Joachim die Idee, eine Klinikbibliothek aufzubauen. Er träumte laut von gehobener Belletristik, schönen Bildbänden und anspruchsvollen Reisebüchern; Bücher, die seine Bibliothek nach und füllen würden. Niemand hielt ihn zurück. Sein Spendenaufruf im Oberstaufener Anzeigenblatt war ein riesiger Erfolg, viele Menschen wollten der Klinik Bücher spenden. Schon bald unternahm der rastlose Zivi Fahrten in den Ort und die umliegenden Ortschaften, um kistenweise Bücher abzuholen.

Die Resonanz war so groß, dass Joachim sich gezwungen sah, seine eigentliche Kulturarbeit zu kürzen. Manche Spender wollten ihre Bücher nämlich nicht nur abgeben, sie erwarteten im Gegenzug ein wenig Unterhaltung. Bevor sie sich von ihren Schätzen trennten, luden sie den sympathischen jungen Mann nicht selten zum Kaffeekränzchen ein.

Das schöne Projekt entwickelte sich zu einem regelrechten Zeitfresser und fing an zu nerven.

In seiner Not bat Joachim mich eines Tages, mitzukommen. Ich war neugierig und willigte ein.

An einem sonnigen Nachmittag stehen wir beide, wie immer adrett gekleidet, vor einem kleinen Einfamilienhaus und klingeln. Ein älteres Ehepaar begrüßt uns herzlich. Ohne Zwischenstopp geht es zum fertig gedeckten Tisch im Wohnzimmer. Man serviert uns Tee und Marmorkuchen und kommt ins Erzählen. Von Büchern ist überhaupt nicht die Rede.

Joachim wirkt zunehmend verdrossen. Er schafft es einfach nicht, die freundlichen Menschen zu unterbrechen, um sie höflich auf seine anderen Verpflichtungen hinzuweisen. Der Arme versinkt tiefer und tiefer in den weichen Sofapolstern und wirft mir ein- oder zweimal einen vorwurfsvollen Blick zu, der mir wohl sagen soll: »Warum habe ich dich eigentlich mitgenommen? So tu du doch endlich was!«

Ich schaue möglichst verständnisvoll zurück; aber was soll ich tun? Diese extrem zugewandten und kultivierten Menschen vor den Kopf stoßen und rufen: »Jetzt rücken Sie die Bücher raus, wir haben nicht ewig Zeit?« Jemand anderes hätte das vielleicht hinbekommen, ich nicht.

Es blieb uns nichts anderes übrig, als ergeben zu warten, bis die gastfreundlichen Spender zur freiwilligen Bücherübergabe bereit waren. Als wir die zwei kleinen Kartons schließlich im Auto verstaut hatten, war es längst dunkel. Joachims Diavortrag hätte vor einer Stunde beginnen sollen!

Die Bücherflut wurde zu einem ernsten Problem. Die samt und sonders ungeöffnet gebliebenen Kisten und Kartons beanspruchten inzwischen so viel Raum, dass im kleinen Büro des gestressten Kulturreferenten kaum noch Platz für ihn selbst blieb. Joachim war gezwungen, den Inhalt zu sichten und die nächsten Schritte vorzubereiten.

Dabei stellte sich heraus, dass ein Großteil der Bücher eher nicht dem Geschmack und der Vorstellung eines zukünftigen Germanisten und temporären Bibliothekars entsprach. Da waren nur wenige literarische Werke, keine tollen Bildbände, keine Reiseführer, sondern überwiegend Bücher, die die Spender offenbar loswerden wollten und die auch Joachim nicht in seiner Bibliothek haben wollte.

Die Enttäuschung war groß und das ehrgeizige Projekt gestorben, bevor es richtig begonnen hatte. Fast gleichzeitig kam das offizielle Aus für den Kulturreferenten. Man strich die Stelle so überraschend, wie sie geschaffen worden war, ohne zu begründen warum.

Joachim musste sich entscheiden: zurück in die Küche oder Krankenstation. Er entschied sich für Letzteres und wurde Hilfspfleger.

Chateau Neuf du Pape

Mein Freund Hans war in Oberstaufen nicht sehr unternehmungslustig. Deshalb war ich oft mit anderen unterwegs, sowohl mit Mädels wie mit Jungs. Das störte niemanden und lieferte auch keinen Anlass zu Gerüchten.

Einmal lud Joachim mich zu einem Ausflug ein. Ohne zu zögern sagte ich zu. Wir standen uns nicht besonders nah, ich war mir aber sicher, dass es unterhaltsam würde. Wohin er fahren wollte, wusste ich gar nicht.

Wir fuhren Richtung Liechtenstein. Der Winter war endgültig vorbei, Hügel und kleinere Berge schneefrei. Je weiter wir fuhren, desto grüner wurde es. Obwohl der Weg nicht lang war, kam es mir vor, als durchquerten wir einen ganzen Kontinent. Immerhin waren es vier Länder, in denen wir an einem Tag unterwegs waren! Für ein junges Mädchen, das außer Oberhausen und ein bisschen Holland noch nichts gesehen hatte, eine ganze Menge.
 Der direkte Weg von Oberstaufen nach Vaduz wäre nicht viel länger als 90 km gewesen, aber wir fuhren ständig zickzack und ließen öfters das Auto stehen.

Ich erinnere mich an Abstecher nach Dornbirn, an den Bodensee, Bregenz und Hohenems. Ich muss damals meine Agfa vergessen haben, sonst hätte ich bestimmt Fotos von diesem Ausflug.

Wie auch immer, es wurde ein unvergesslicher Tag. Vor der Rückfahrt, als würdigen Abschluss unserer Tour, bestellte Joachim in Vaduz für jeden von uns ein Glas *Chateau Neuf du Pape*, was mir natürlich nichts sagte. Vermutlich wollte er mich beeindrucken; jedenfalls schien er den teuren Wein zu kennen und wusste eine Menge darüber. Ich lauschte, scheinbar aufmerksam, ohne ihn zu unterbrechen. Was mich aber tatsächlich beeindruckte, war der Name des Weins: *Chateau Neuf du Pape*, Schloss Neun des Papstes. Als katholisch erzogener Mensch mit drei Jahren Französischunterricht fragte ich mich im Stillen, ob der Papst tatsächlich neun Schlösser besitzen könnte.

Ob es mir gefällt oder nicht: Der Name des Weines ist seit Jahrzehnten in meinem Gedächtnis abgelegt und weckt zuverlässig Erinnerungen, wenn ich ihn irgendwo höre oder lese.

Darüber hinaus gestehe ich, dass ähnliche Erinnerungen wachwerden, wenn ich in einem Supermarktregal meterweise *Lambrusco*-Flaschen stehen sehe – unser Hauswein in Oberstaufen!

Die Schönmalve

Herr Trischler hatte es in mancher Hinsicht besser als viele andere Krebspatienten. Seine Frau war ständig bei ihm, teilte sogar das Krankenzimmer mit ihm. Außerdem war er nicht ans Bett gefesselt und konnte jederzeit sein Zimmer verlassen, solange keine Visite oder Behandlungstermine anstanden.

Ein paarmal sah ich das Ehepaar im Ort. Ohne ein bestimmtes Ziel schlenderten beide an den Häusern vorbei und blieben immer wieder stehen. Herr Trischler machte dann Fotos, manchmal sogar in den Gärten, wenn Eigentümer es erlaubten.

Von seiner Frau wusste ich, dass er Fotograf war. Als wir uns einmal allein begegneten, erzählte sie: »Zu Hause hat mein Mann sein eigenes Atelier. Er vermisst seine Arbeit.«

Obwohl es Herrn Trischler relativ gut ging, ließ die Geduld mit sich selbst und den Ärzten nach, und die Zuversicht, es schaffen zu können, wurde kleiner.

Auch Frau Trischler begann an der bisherigen Behandlung zu zweifeln, doch zuerst wollte sie noch etwas ausprobieren. Sie verließ die Klinik und fuhr allein nach Hause. Zurück kam sie zwei Tage später mit einem Transporter, beladen mit dem gesamten Equipment ihres Mannes aus seinem Fotoatelier. Nicht nur die Verwaltung, die ihr OK gegeben hatte, wusste Bescheid: Auch die halbe Klinik war inzwischen informiert.

Joachim und zwei weitere Ersatzdienstleistende halfen dabei, alles auszuladen und in den zweiten Stock zu schaffen. Vor dem Zimmer der Trischlers stapelten sich Kameras, Stative und Studioleuchten. Im Krankenzimmer begann ein Rücken und Verschieben, bis genügend Platz für alles geschaffen war und hereingeholt werden konnte.

Die Idee seiner Frau, ihn zu beschäftigen und von seiner Krankheit abzulenken, wurde ein Erfolg. Herr Trischler konnte sich in den kommenden Wochen über mangelnde Aufträge nicht beklagen. Vor allem das junge, weibliche Personal war verrückt danach, sich von ihm fotografieren zu lassen. Fast jede von uns kam nach der ersten Fotoserie ein zweites Mal in sein Atelier, das immer weniger einem Krankenzimmer glich; vor allem, seit auch noch bunte Decken und Kissen über die Betten ausgebreitet lagen.

Einen Höhepunkt an optischer Verschönerung verdankte das Ehepaar aber einem Patienten von »meiner« Station. Und das kam so: Herr Meinert hatte sich auch mehrmals fotografieren lassen. Nun wollte er mit seinem Freund, der ihn jede Woche besuchte, nach Kempten fahren, um nach einem passenden Geschenk für seinen Leibfotografen zu suchen. Er fragte mich, ob ich mitkommen wolle, um sie bei der Suche zu beraten. Und ob ich wollte!

Bevor wir uns in Kempten umschauten, luden mich die beiden Freunde ins Residenzcafé ein. Dort überlegten sie zuerst, ob vielleicht ein »gutes Buch« in Frage käme. Ich hielt mich zurück, weil ich nicht in der Lage gewesen wäre, hier eine Empfehlung abzugeben.

Schließlich entschieden wir uns gemeinsam für etwas Lebendiges, Farbiges. Bei unserem Stadtrundgang entdeckten wir im Fenster eines kleinen Blumenladens eine üppig blühende, bestimmt einen Meter große Schönmalve, die uns fast gleichzeitig ins Auge sprang.

Zum Glück fanden die etwas überraschten Trischlers noch einen Platz für sie am Fenster. Die samtig-zarten, orangeroten Blüten, die je nach Tageszeit und Lichteinfall unterschiedliche Farbtöne annahmen, zogen alle Blicke auf sich.

Für den Fotografen wurde die Schönmalve ein Motiv, das sich ihm täglich und manchmal sogar mehrmals täglich anders darbot und ihn herausforderte.

Als Herr Trischler mit guter Prognose entlassen wurde, blieb die Schönmalve zur Freude aller zurück. Sie hatte ihren Dienst erfüllt.

Die Nervensäge

Pfleger Paul war ein dünner, strohblonder Mittzwanziger, der aussah wie ein Spätpubertierender. Bei vielen war er so beliebt wie eine übellaunige Großtante dritten Grades, die auf keinem Familienfest fehlt und neben der niemand sitzen will. Abstoßend war aber nicht seine Akne, sondern seine unangenehme Besserwisserei.

Eines Sonntagnachmittags muss das Maß voll gewesen sein. Wir, das waren Selma, Hans und ich, saßen in Selmas Zimmer, schräg gegenüber von Pauls Zimmer. Das Wetter war bescheiden, niemand hatte Lust rauszugehen. Die Wochenendheimfahrer waren noch nicht zurückgekehrt, der fünfte Stock fast ausgestorben.

Wir tranken Tee, redeten über dies und das, Hans spielte ein bisschen Gitarre. Plötzlich die Idee: Heute zeigen wir es der Nervensäge!

Selma lief auf ihre Station, um sich dort die größte Spritze auszuleihen, die sie finden würde. Hans und ich stellten inzwischen die Zutaten für eine »Tinktur« zusammen, die nicht zu dünn- und nicht zu zähflüssig sein durfte, dabei unangenehm riechen sollte und sich leicht in eine Spritze abfüllen ließe.

Wir mischten Zahnpasta, Senf, Maggie, Spülmittel, Shampoo, Schwarzteekonzentrat und ich weiß nicht mehr was zusammen – nicht gefährlich, aber schön klebrig und farblich genau unseren

Vorstellungen entsprechend. Voller Vorfreude und Abscheu füllten wir die Masse in eine 100 ml-Spritze.

Als die sportlichste von uns Dreien übernahm Selma die »Spritztouren«. Sie wusste, dass es schnell gehen musste: den Gang inspizieren, rüberlaufen und die Spritze geräuschlos im Schlüsselloch justieren. Dann den Kolben bis zum Anschlag durchdrücken und mit der leeren Spritze zurück ins Zimmer hasten. Der kurze Weg war von Vorteil!

So ging das zwei Mal, ohne irgendeine Reaktion. Merkwürdig, der Besserwisser müsste doch langsam etwas mitbekommen haben! Wir wussten, dass er in seinem Zimmer war. Sein Radio lief knapp über Zimmerlautstärke. Das hatten wir vorher geprüft.

Nach ihrer dritten Tour jedoch schaffte Selma es gerade noch, ins Zimmer zu sprinten, denn Paul war hinter ihr her. Wir verrammelten die Tür, doch der Besserwisser blieb davor stehen und brüllte und schrie, dass das Dach über uns fast bebte. Dann boxte und trat er wie verrückt gegen die unschuldige Tür. Wir hörten Holz splittern. Dann ein dumpfes Geräusch und … Stille!

Wir schauten uns unsicher an und horchten weiter an der Tür. Plötzlich ein leises Wimmern, wie von einem kranken Baby, das man uns vor die Tür gelegt hatte.

Wir öffneten die Tür so weit es ging und sahen den armen Paul gekrümmt auf dem Boden liegen, direkt vor Selmas beschädigter Zimmertür. Offenbar hatte sich der Pfleger nicht nur einen Fuß verrenkt, der schon anschwoll, sondern auch blutige Schürfwunden an den Händen. Allein aufstehen konnte er nicht.

Gemeinsam halfen wir ihm vorsichtig auf und brachten ihn auf die Station 1. Dr. Kamenich, der Mann der Laborchefin, hatte gerade Dienst. Er tastete vorsichtig den schmerzenden Fuß ab und stellte fest, dass nichts gebrochen war. Gott sei Dank!

Die Schürfwunden an den Händen durfte ich verbinden, nachdem wir einige Holzsplitter vorsichtig entfernt und die Hände desinfiziert hatten.

Als Paul schließlich wiederhergestellt war, kam er uns umgänglicher und erträglicher vor.

Schwermut-Attacke

Nach dem Abendessen saß ich noch mit ein paar anderen auf der Empore. Wir überlegten, was mit dem angebrochenen Abend anzufangen sei. Um uns herum wurde bereits abgeräumt und für das Frühstück neu eingedeckt. Nachdem uns der Hauswein aus Italien ausgegangen war, gingen wir die naheliegenden Alternativen durch: Teestunde im fünften Stock oder Tante Gretl. Irgendwelche Kulturveranstaltungen standen heute nicht auf dem Programm.

Bevor wir uns einigen konnten, unterbrachen uns zwei Frondienstleistende aus der Küche, die gerade auf die Empore gekommen waren. Wie einstudiert riefen beide gleichzeitig: »Kommt mit ins Bergstüble. Ihr seid alle eingeladen.«

Die beiden hatten Geburtstag und wollten nicht allein feiern.

Die Empore war in Sekundenschnelle menschenleer. Jeder, der sich angesprochen fühlte, lief in sein Zimmer, zog warme Kleidung und Stiefel an. Fünf Minuten später standen alle am Ausgang; gemeinsam zogen wir los.

Der Weg war nicht sehr weit, aber es war kalt. Zum ersten Mal lief ich bei Dunkelheit nicht den Schlossberg hinunter Richtung Ort, sondern rechts hoch zum Stüble.

Oben angekommen, saßen wir dicht an dicht um einen knorrigen Tisch, vor uns alle möglichen Getränke, die meisten rauchten. Die Stimmung war gut, nur Hans wurde mit jedem Glas melancholischer, eine Seite, die bisher niemand von ihm kannte, war er doch bisher nicht durch Melancholie aufgefallen, sondern eher durch Spott und Frotzeleien.

Aus einem knappen Dutzend aufgekratzter junger Leute wurde eine Gruppe aufmerksamer Menschen, die still dasaß und den traurigen Tiraden eines Gleichaltrigen lauschte. Vielleicht war es gerade das Unerwartete, was uns gebannt zuhören ließ.

Weil niemand ihn unterbrach, redete sich Hans immer stärker in seinen Weltschmerz hinein, sprach mit immer schwerer werdender Zunge. Das war schockierend und unterhaltsam zugleich. Auf die Uhr schaute niemand. Außer uns waren keine Gäste mehr da.

Irgendwann erwachte Hans aus seinem Lamento, offenbar erstaunt über die Stille um ihn herum. Als hätte er nur auf diesen Moment gewartet, kam der Gastwirt mit der Rechnung an den Tisch und sagte mürrisch: »I gang ietz schlofe und ihr gänd huim.«

Wundersamerweise verstanden wir das und schoben sofort Gläser und Flaschen zusammen, während die zwei Geburtstagskinder die Zeche zahlten. Das Geld schien zu reichen.

Warm eingepackt kamen wir an die frische Luft und konnten es kaum glauben: keine Dunkelheit wie auf dem Hinweg, sondern leichte Dämmerung. Die Sonne würde bald aufgehen.

Schweigsam machten wir uns auf den Weg. Die kalte Bergluft, die meine Lungen füllte, würde mir hoffentlich genügen, um in knapp zwei Stunden halbwegs frisch im Dienst zu erscheinen.

An seine Schwermut-Attacke erinnerte sich Hans später nicht mehr.

Hochgeschlagener Mantelkragen

Ein paar Zivis wollten sich im Kino in Immenstadt einen Film anschauen. Ich war zwar keine Ersatzdienstleistende, durfte aber trotzdem mitkommen. Diejenigen mit Auto übernahmen den Fahrdienst. Mit zwei Autos und mindestens zehn Mitfahrenden fuhren wir an einem selten grauen Tag die etwa fünfzehn Kilometer nach Immenstadt.

Was mich genau erwartete, wusste ich nicht. »Tanz der Vampire« sagte mir gar nichts, auch mit dem Namen Roman Polanski konnte ich nichts anfangen. Ich hörte einfach zu, was im Auto erzählt wurde: Dass die Frau des Regisseurs und Hauptdarstellerin des Films, Sharon Tate, im Jahr zuvor ermordet worden und zu diesem Zeitpunkt hochschwanger war, während ihr Mann zum selben Zeitpunkt in London einen neuen Film drehte.

Das alles klang so schaurig, dass ich mich für den Rest der Fahrt taub stellte. Ich musste das Gehörte zuerst verarbeiten. Gleichzeitig fragte ich mich, wieso ich von dem schrecklichen Verbrechen nichts mitbekommen hatte, als darüber berichtet wurde.

Ich bekam also nicht mit, was einige, die ihn in München schon gesehen hatten, über den Film erzählten. Das war ein Fehler, wie sich später zeigte.

Für mich war die »Horrorkomödie« mehr Horror als Komödie. Ich fürchtete mich die ganze Zeit in dem dunklen, muffigen

Kinosaal und verstand nicht, warum die anderen so viel Spaß hatten.

Als ich nach dem Film endlich wieder nach draußen kam, der nächste Schreck: Aus einem trist-grauen Tag war eine kalte, neblige Nacht geworden.

Ich schlug meinen Mantelkragen hoch, hielt ihn mit einer Hand vorne an meinem Hals zusammen und schaute mich auf dem Weg zum Parkplatz immer wieder verstohlen um. Die kurze Strecke kam mir endlos vor. Still quetschte ich mich hinten ins Auto und achtete während der ganzen Fahrt darauf, dass der Mantelkragen eng um meinen Hals lag. Die anderen unterhielten sich angeregt und redeten wild durcheinander.

Unser Chauffeur fuhr vorsichtig durch den dichten Nebel. Am liebsten hätte ich geschrien: »Jetzt fahr doch endlich schneller!« Ich sehnte mich nach meinem kleinen Zimmer und wollte so schnell wie möglich wieder nach Oberstaufen kommen.

Das Küchenmesser

In der Klinikküche gaben zwei sehr unterschiedliche Männer den Ton an. Küchenchef Jäger war eher klein und etwas dicklich, Marian, seine rechte Hand, hager und gut 1,80 Meter groß. Sie unterschieden sich nicht nur äußerlich. Jäger war laut, cholerisch und nicht zimperlich im Umgang mit den Küchenhilfen. Für empfindlichere Zivis, die mit dieser latent aggressiven Atmosphäre nicht zurechtkamen, war der Dienst in der Küche ein Schockerlebnis.

Marian war nicht laut, aber manchmal durchaus hörbar. Wenn ihm danach war, sang der hagere Mann mit schöner Stimme Kirchenlieder. Es hieß, er hätte in einem Kloster gelebt und sei wegen seines Alkoholproblems aus dem Orden entlassen worden. Das Singen tolerierte Jäger übrigens; er soll sogar gelächelt haben, wenn fromme Töne die Küche fluteten!

Die angestellten Küchenhilfen kündigten oft nach kurzer Zeit, andere passten sich dem rauen Ton an und blieben länger. Unter denen, die länger blieben, war ein Ehepaar, das sich ständig laut und bösartig stritt. Auch das gehörte zum alltäglichen Küchensound, an den sich alle gewöhnt hatten.

Ein Mal allerdings trieben sie es zu bunt. Der Streit eskalierte und wurde immer lauter und hässlicher, bis der Mann seiner Frau mit einer Bratpfanne nachsetzte und außer sich vor Zorn schrie: »Ich bring' dich um, du Luder.«

Worum es bei dem Streit eigentlich ging, wusste niemand. Aber diese Zuspitzung war selbst dem Küchenchef zu viel. Jäger griff sich ein beeindruckend großes Küchenmesser und ging schweigend und bedrohlich starrend auf den Streithahn zu. Dass der Choleriker Jäger nicht wie zu erwarten wild herumbrüllte, verunsicherte vermutlich die gesamte Küchenmannschaft.

Der Mann, der gerade noch seine Frau erschlagen wollte, sah das Messer, ging wortlos an seinen Arbeitsplatz und legte die Pfanne an ihren Platz zurück.

Für kurze Zeit herrschte Ruhe in der Küche.

Joachim, der zu den empfindlicheren Zivis zählte, hatte das Schauspiel beobachtet und fühlte sich wieder einmal bestätigt: Die Küche war ein Ort des Schreckens mit einem furchteinflößenden Chef an der Spitze!

Aber nicht alle sahen das so. Zum Beispiel der umgängliche, leicht füllige Basti, der gerne aß und sich von Zeit zu Zeit eine Extraration in der Küche abholen durfte.

Einmal rief Jäger Basti zu, er habe ein Schnitzel übrig, das er für ihn braten würde. Der freute sich, holte Teller und Besteck und wartete auf das Schnitzel. Als er versuchte, ein Stück davon abzuschneiden, kam unter der Panade ein Putzlappen zum Vorschein.

Ja, Herr Jäger war nicht nur ein Choleriker und ein Mann, der Streit mit einem Messer schlichten konnte, er hatte auch Sinn für Humor.

Die meisten Zivis mieden jeglichen nicht unbedingt erforderlichen Kontakt zu Jäger und machten wortlos deutlich, was sie von ihm hielten, auch wenn das bedeutete, dass die Arbeit in der Küche dadurch noch unerträglicher werden konnte.

Ausgebremst

Mit Freundlichkeit und warmen Worten kam er bei den langhaarigen Zivis nicht weit; das hatte Herr Schöneberg längst begriffen. Man hatte ihn zusätzlich eingestellt, um die jungen Männer in punkto Disziplin voranzutreiben. Die Maßnahme ging jedoch nach hinten los: Einige reagierten sauer und störrisch darauf, dass man ihnen neben Diego, dem selbstgefälligen Oberkellner, quasi einen »Oberoberkellner« vor die Nase gesetzt hatte.

Kurz, es gab immer wieder Konflikte, die nicht selten mit einer Strafversetzung in die Küche endeten. Manchmal genügte eine geringfügige Nachlässigkeit und der Disziplinverweigerer stand als so genannter »Schwarzspüler« vor einem Berg schmutziger Pfannen und Töpfe.

Eines Abends deckte Hans auf der noch leeren Empore die Tische für das Abendessen. Unten im Speisesaal tat Herr Schöneberg das gleiche. Alles war friedlich. Ich hatte bereits Feierabend, leistete meinem Freund Gesellschaft und sah ihm bei der Arbeit zu. Er arbeitete untadelig und professionell!

Hans hatte eben Teller mit Wurstscheiben auf die vordersten Tische gestellt, da kam Dr. Dürwanger zu uns auf die Empore.

Der Arzt schaut über die Tische hinweg, hält kurz inne. Dann nimmt er plötzlich eine Wurstscheibe von einem der Teller und schleudert sie wie ein Frisbee über die Balustrade. Wir sehen, wie die Scheibe durch die Luft fliegt, dann verschwindet sie. Ein lautes Gebrüll von unten. Hans und ich schauen uns an. Ganz offensichtlich ist die Scheibe – man glaubt es kaum – auf dem schütter behaarten Kopf von Herrn Schöneberg gelandet. Eine andere Erklärung gibt es nicht.

Sekunden später erscheint der Oberoberkellner auf der Empore; völlig außer Atem, mit rot angelaufenem Gesicht. Er hat die vielen Stufen der Freitreppe im Olympiatempo genommen. Weit kommt er allerdings nicht. Dr. Dürwanger stellt sich ihm entgegen und erklärt seelenruhig: »Herr Schöneberg! Es is wie bei der Artillerie: Der erste Schuss geht zu weit, der zweite Schuss zu kurz und der dritte trifft. Bei mir hat der erste scho troffen!«

Armer Herr Schöneberg! Wütend stand er da, nur langsam erfassend, wer das Attentat auf ihn verübt hatte und was das bedeutete: Er konnte den Übeltäter nicht bestrafen. Nicht einmal eine Entschuldigung würde es geben. Dr. Dürwanger besaß so etwas wie Narrenfreiheit im Haus – zumindest verhielt er sich so.

Die zweite bittere Pille, die der Oberoberkellner schlucken musste: Der Frisbeewurf hatte sich vor den Augen eines Zivis abgespielt, den er besonders innig ablehnte.

Hans hatte einmal von einem Teller Spaghetti eine herunterhängende Nudel mit dem Zeigefinger zurück auf den Teller befördert, bevor er ihn der Verwaltungsleiterin vorsetzte. Die fand das nicht so toll und beschwerte sich bei Herrn Schöneberg.

Der verbannte Hans umgehend in die Küche und bemühte sich nicht, seine Genugtuung zu verbergen. Die Freude war allerdings kurz. Ein Attest vom Hausarzt genügte, den widerspenstigen Zivi aus der Küche zu befreien. Hans kehrte auf die Empore zurück.

Nachdem Dr. Dürwanger die Situation geklärt hatte, ließ er den gedemütigten Herrn Schöneberg einfach stehen, um sich irgendwo hinzusetzen. Ich erinnere mich, dass es nicht der Platz war, wo ein Wurstrad auf dem Teller fehlte.

Nachtfahrten

In der groben Rückschau bestand das Jahr in Oberstaufen hauptsächlich aus Unbeschwertheit und jeder Menge Spaß, den ich mit anderen erlebt habe. Das klingt unbegreiflich, ist aber wahr und gleichzeitig nur ein Teil der Wahrheit.

Der andere Teil betrifft den Klinikalltag und seine Patienten, die hierherkamen, weil sie an Krebs erkrankt waren und auf Gesundung hofften.

Von den vielen in der Klinik Verstorbenen bekamen weder die anderen Patienten noch ein Großteil des Personals etwas mit. Wie in allen vergleichbaren Einrichtungen üblich, wurden Tote grundsätzlich nachts abgeholt. Nicht nur uns in der Klinik, sondern auch den Menschen im Ort blieb somit verborgen, wie oft ein Bestattungswagen die Schlossstraße hochfuhr, um wieder einen Toten abzuholen.

Ein ehemaliger Mitarbeiter, der von Anfang an dabei war und das Geschehen über viele Jahre miterlebt hat, erzählte mir später, dass die Schlossbergklinik in den Anfangsjahren für viele Patienten als letzter Rettungsanker galt. Sie waren zum Teil gar nicht mehr transportfähig und kamen liegend in Sanitätsfahrzeugen nach Oberstaufen, obwohl zu befürchten war, dass man hier nichts mehr für sie tun konnte.

Auch wenn ich vieles nicht mitbekam, war mir mehr oder weniger bewusst, wie ernst die Situation für viele Patienten war. Nachdem ich von der Station weg ins Labor gewechselt war, besuchte ich mit Hans zusammen abends nach Dienstschluss Patienten, die lange stationär lagen und kaum Verwandtenbesuch bekamen.

Einer von ihnen war ein etwa 16-jähriger Junge aus Schweinfurt, der in einem Einzelzimmer lag. An seinen Namen erinnere ich mich leider nicht mehr. Aber ich weiß noch, wie geduldig er seine Erkrankung ertrug. Er wollte nicht über seine Situation sprechen, sondern hören, was draußen passierte. Irgendwann erzählten wir ihm von unserer geplanten Skandinavienreise im Sommer. Ich versprach ihm, dass ich aus jeder größeren Stadt eine Karte schicken würde. Darauf freute er sich richtig.

Als wir Anfang September zurückkamen, war der Junge nicht mehr da. Ich hatte nicht den Mut zu fragen, ob er nach Hause entlassen worden war. Ich fand es tröstlich, mir vorzustellen, dass es so war und er meine Karten mitgenommen hätte.

Ein ruhiger Pol

Manchmal besuchte mich Basti im fünften Stock mit einem seiner Brüder, der in Oberstaufen gerade eine Schreinerlehre machte. Bevor er abends mit dem Zug heim nach Immenstadt fuhr, kam er von Zeit zu Zeit »nach seinem großen Bruder schauen«, wie er es nannte.

Basti stand mir nicht besonders nahe, war aber so etwas wie ein ruhiger Pol für mich. Wie ich kam er aus einfachen Verhältnissen; bei ihm konnte ich Pausen einlegen wovon auch immer; vielleicht vom Pferdestehlen und Pläneschmieden. In seiner Gesellschaft fühlte ich mich einfach wohl.

Und, ganz wichtig: Er war jemand, der mich am Boden hielt, vielleicht sogar eine Verbindung zu meinem weit entfernten Elternhaus herstellte! Das habe ich zwischendurch gebraucht.

Zu Hause war ich die Jüngste gewesen. Nicht unbedingt das langersehnte Nesthäkchen, aber die jüngere von zwei Schwestern. Über die Kindheit hinaus war ich daran gewöhnt, dass meine Eltern sich grundsätzlich um alles kümmerten und alles im Blick hatten. Das bedeutete nicht nur Schutz, sondern auch Kontrolle und Abhängigkeit.

Meine Mutter kam bis zum Ende meiner Pubertät zu allen wichtigen Terminen mit: zur Berufsberatung ebenso wie zu ärztlichen Untersuchungen.

Mein Vater kam zwar nirgendwohin mit, war aber jederzeit über alles informiert und dirigierte das Familienboot von zu Hause aus. Er allein bestimmte die Richtung.

Ich war ein braves Kind und eine niemals aufmüpfige Jugendliche; hatte früh gelernt mich still zu verhalten, wenn Erwachsene sich unterhielten und möglichst nur dann zu reden, wenn ich dazu aufgefordert wurde. Dabei hatte ich eigentlich ein lebhaftes und unternehmungslustiges Naturell, wenn das stimmt, was man mir später über mich erzählt hat.

Als ich nach Oberstaufen kam, war ich immer noch das nette Mädchen, jedenfalls am Anfang.
Ich lebte mich schnell ein, obwohl Umfeld, Umgebung und Menschen fremd für mich waren. Der Klinikalltag schüchterte mich nicht ein. An kranke Menschen war ich nicht nur berufsbedingt gewöhnt und Krankenhäuser kannte ich bereits von innen.
Auch hier spielt wieder mein Vater eine Rolle, den ich fast nur krank oder kränkelnd kannte, und der oft davon sprach, früh sterben zu müssen.

Zu einer starken Kindheitserinnerung gehört auch die Erkrankung der älteren Schwester meiner Mutter. Meine Tante war an Krebs erkrankt, der gestreut hatte; sie litt unter irrsinnigen Schmerzen und bekam beim letzten Besuch mit ihrer Familie in Oberhausen Morphiumspritzen von meinem Onkel. Man sprach nicht offen darüber, aber für ein aufgewecktes Kind wie mich dürfte es verstörend gewesen sein.

Was mir lange unbewusst blieb, war die Tatsache, dass ich in meinem Elternhaus niemals einen Funken Verantwortung für irgendetwas oder irgendwen übernehmen musste und auch keine Aufgaben zugewiesen bekam; nicht eine Mahlzeit habe ich eigenständig zubereitet, kein einziges Mal den Vogelkäfig gereinigt, obwohl der Wellensittich eigentlich mir gehörte.

Das wurde mir auf einen Schlag klar, als ich sehr viel später mit Basti auf unsere Herkunftsfamilien zu sprechen kam. Im Gegensatz zu mir kam er aus einer kinderreichen Familie und war als Zweitältester früh daran gewöhnt, Verantwortung zu tragen.

Im Rückblick erkenne ich, was Oberstaufen für mich bedeutete. Ich lernte, eigene Entscheidungen zu treffen, für mich selbst einzustehen und langsam selbstständig zu werden.

Vermutlich hätte ich in Berlin, wohin ich mich auch beworben hatte, ganz andere Erfahrungen gemacht; von dort kam aber keine Antwort.

Im Labor

War ich auf der Krankenstation eine Zeit lang eine unterbeschäftigte Arzthelferin, wurde ich nach meinem Wechsel ins Kliniklabor eine unterbeschäftigte Laborhelferin.

Der Arbeitstag begann sehr früh mit Blutabnahmen auf den Stationen. Die Krankenzimmer waren ungelüftet und die Patienten schliefen noch halb, während ich ihnen ins Ohr piekste und die erforderliche Menge Blut einsammelte. Erst danach ging es zum Frühstücken auf die Empore.

Was ich den restlichen Achtstundentag genau gemacht habe, weiß ich nicht mehr – ich war keine gelernte MTA und hatte in meiner Ausbildung auch nicht genügend Erfahrung gesammelt, um eine ersetzen zu können.

Ich vermute mal, ich habe Blutsenkungen angesetzt und einfache Blut- und Urinuntersuchungen durchgeführt; weitgehend Tätigkeiten, für die es keine großen Vorkenntnisse brauchte.

In guter Erinnerung sind mir zwei freundliche und hilfsbereite Laboranten, die beide aus Jugoslawien kamen. Einer von ihnen, Petar, begrüßte mich grundsätzlich mit »Circe moj«. Neben den beiden zu arbeiten machte Spaß.

Petars Begrüßung mit »Mein Schatz« habe ich nie als Anmache empfunden, sondern als schlichte Sympathiebekundung, und genauso war es.

Wer mit seinem Wohlwollen weniger großzügig umging, war die Laborchefin.

Britta Kamenich kam aus der Gegend von Köln, war aber alles andere als eine so genannte rheinische Frohnatur. Ihr Mann, den ich als Stationsarzt kannte, war deutlich lockerer.

Britta schaute streng und war auch streng; selbst auf einer Geburtstagsfeier brachte sie es nicht fertig, ihren Gesichtsmuskeln ein wenig Entspannung zu gönnen.

Manchmal kam mir der Gedanke, dass sie vielleicht gar keine Rheinländerin war. Aber so genau wollte ich das nicht wissen.

Außer den Genannten gab es noch einige MTAs, an die ich mich nicht weiter erinnere, und einen Inder namens Singh. Mit Herrn Singh hatte ich im Labor bedauerlicherweise sehr wenig zu tun. Das hing wohl mit seinen persönlichen Vorlieben zusammen.

Anstatt mir gelegentlich Blutproben unter seinem Mikroskop zu zeigen und zu erläutern, was mir wirklich gefallen hätte, schleppte er immer wieder Ersatzdienstleistende an, denen er unter dem Vorwand, ihnen das Mikroskopieren beibringen zu wollen sehr, sehr nahe kam.

Es gab nicht einen einzigen Zivi, der das Labor ein zweites Mal betrat, es sei denn, er hätte etwas abzuliefern gehabt. Armer Herr Singh!

Keine Drogen

Anfang April kam meine Mutter mich besuchen. Als ich sie fragte, wie die Fahrt gewesen sei, war ihre knappe Antwort: »Die ganze Zeit grauer Himmel.«

Ganz ohne Bemerkung blieb in den kommenden Tagen die Tatsache, dass in Oberstaufen jeden Tag die Sonne schien und fast überall noch schöner, weißer Schnee lag, die Wege aber geräumt und vollkommen schneefrei waren.

Um die Mittagszeit wurde es so warm, dass wir sommerlich gekleidet und ohne zu frieren, draußen vor der Klinik für ein Foto posieren konnten.

Meine Mutter nahm die Dinge wie sie waren, ohne sie zu kommentieren. Ich bin sicher, dass sie sich in Oberstaufen wohlfühlte; es war wie ein gemeinsamer Urlaub, mit kleinen Ausflügen in die Umgebung.

Nach zwei oder drei Tagen lernte meine Mutter Schwester Sigrid kennen, die etwa so alt war wie sie selbst. Sigrid war alleinstehend und nutzte ihre dienstfreien Tage oft für Ausflüge. Einmal unternahmen sie etwas gemeinsam.

Selbst die Fahrt mit der Gondel auf den Hochgrat, vermutlich die erste und einzige Gondelfahrt ihres Lebens, entlockte meiner Mutter bei ihrer Rückkehr kaum mehr als zwei kurze Sätze. Aber ihr Gesicht sprach Bände, es leuchtete fast. Sie musste über das Erlebte nicht sprechen.

Auch für eine andere Begebenheit benötigte meine Mutter kaum Worte.

Ich arbeitete bereits bei Britta Kamenich im Labor und erschien manchmal etwas müde zur Arbeit. Liiert war ich inzwischen mit dem bärtigen, langhaarigen Ersatzdienstleistenden Hans. Meine Chefin hatte uns öfters zusammen gesehen und sich mit Sicherheit ihre persönliche Meinung gebildet. Kurz vor ihrer Rückreise nach Oberhausen fragte sie meine Mutter, ob ich eventuell Drogen nähme. Ihr käme es jedenfalls so vor.

Als ich nach Dienstschluss meine Mutter treffe, fragt sie mich ohne Umschweife und ohne das leiseste Zeichen von Unruhe in der Stimme: »Nimmst du Drogen? Frau Kamenich hat mich das gefragt.«

Ich war sprachlos; was bildete sich diese Frau ein! Im Gegensatz zu mir, blieb meine Mutter entspannt. Für sie war es gar nicht vorstellbar, dass »ihr Mädchen« so etwas Dummes machte.

Vielleicht naiv, aber sie lag mit ihrem Vertrauen völlig richtig.

Mit meiner Chefin sprach ich am nächsten Vormittag im Labor. Die Entschuldigung für ihr plumpes Vorgehen kam ihr nur schwer über die Lippen.

Fassadenrisse

Wie groß mein Gepäck tatsächlich war, mit dem ich in Oberstaufen ankam, wurde mir erst nach und nach klar. Auch Mangel verursacht Gewicht!

Da war mein Defizit an elterlicher Zuwendung, Zuspruch, Wärme; meine Schwierigkeit Gefühle zu zeigen. Schon Gefühle überhaupt zuzulassen, war bei uns zu Hause schwierig gewesen. Gleichgültig, ob positive oder negative! Dazu kam der alles bestimmende Vater mit seinem Jähzorn, der durch Kleinigkeiten ausbrechen konnte. Damit setzte er der Familie Grenzen, blieb vieles ungesagt.

Wäre es zu Hause entspannter gewesen, wäre ich vielleicht nicht so früh von Oberhausen weggegangen. Aber da war eben auch mein Drang zu rebellieren, den ich anders nicht zeigen konnte.

Bei meiner Ankunft in Oberstaufen lagen all diese Defizite noch gut verborgen hinter der Fassade eines aufgeräumten, jungen Mädchens, wie unter einer großen Schicht Kleister. Doch im Laufe des Jahres bekam die Fassade Risse: Gefühle, Streitlust, der Drang, anzuecken und aus der Deckung herauszukommen, fanden nach und nach ihren Weg an die Oberfläche. Einige von den Zivis zeigten mir, wie das funktionierte! Was im Elternhaus unterdrückt worden war, musste irgendwann heraus.

Am deutlichsten bekam das die Klinikleitung zu spüren, als ich mit Selma an meiner Seite anfing, die anderen Arzthelferinnen aufzustacheln, sich mit uns gemeinsam für mehr Gehalt einzusetzen.

Ich war nach einem Besuch von Gewerkschaftsleuten Mitglied der Angestelltengewerkschaft geworden und hatte erfahren, dass unsere Gehälter deutlich unter dem Durchschnitt lagen.

Wir setzten uns durch und bekamen schließlich mehr Gehalt.

Offenbar stand für die Geschäftsführung fest, dass nur ich die »Rädelsführerin« gewesen sein konnte. Schließlich war ich mit einem Zivi liiert, der nicht gerade durch freundliche Angepasstheit auffiel. Jedenfalls erfuhr ich später von einer jungen Verwaltungsangestellten, dass die Klinikleitung mich nach dem Aufstand der Arzthelferinnen loswerden wollte, wäre ich ihr nicht mit meiner Kündigung zuvorgekommen.

Wie geht trampen?

Hans hatte die Idee, im Sommer nach Norwegen zu trampen und wollte gern, dass ich mitkam. Für ihn würde es die zweite Reise dorthin werden, ich dagegen wusste gar nichts von dem Land, außer, dass es sehr weit weg war. Für mich kein Grund zu zögern. Sofort stand fest, dass ich mitkommen würde.

Erst danach fragte ich mich: »Wie geht trampen überhaupt?« Ich wollte es unbedingt vorher ausprobieren. Die zweite Frage war: »Was braucht man zum Trampen?«

Das absolut Notwendige würde ein Rucksack sein. Den brauchte ich zum Ausprobieren aber nicht und Schlafsack und Isomatte auch nicht. Ich hatte ja nicht vor, beim Probetrampen in einem Zelt zu übernachten. Die notwendigen Einkäufe würde ich rechtzeitig mit Hans in Kempten erledigen.

Zum Ausprobieren fiel mir der Bodensee ein. Mit Selma eine kleine Tour den See entlang zu unternehmen, könnte lustig werden, dachte ich. Sie fand die Idee gut und wollte mitkommen.

An einem Samstagmorgen, Ende Mai, packten wir unsere Umhängetaschen mit wenigen Sachen für eine Übernachtung und machten uns auf den Weg.

Nur bis Lindau zu trampen, fanden wir langweilig. Unser Ziel war Überlingen. Und weil wir Zeit sparen wollten, gingen wir über den Hinterausgang der Klinik, vorbei an den Nebengebäuden, den Hang hinunter durchs Unterholz, um direkt zur Bundesstraße zu kommen.

Leider hatten wir nicht daran gedacht, dass der Hang nicht einfach bis zur Bundessstraße ging, sondern eine Mauer den Hang sicherte, die uns bremste. Selma wollte springen, ich nicht. Es waren immerhin fast zwei Meter. Also zurück durchs Gehölz und schön bis zur Schlossstraße, diese hinunter und weiter wie geplant.

Die verlorene Zeit holten wir schnell auf: Kaum standen wir nebeneinander an der Straße und schauten den Autos erwartungsvoll entgegen, hielt schon ein VW. Der Fahrer fragte, wohin wir wollten. Er würde bis Lindau fahren und könnte uns vorher an der Bundesstraße Richtung Überlingen absetzen.

Als wir losfuhren, sagte ich: »Meine Güte, das geht ja leicht mit dem Trampen.« Der Fahrer schaute kurz zu mir rüber und bemerkte trocken: »Kein Wunder, wenn zwei fesche Mädels mit wenig Gepäck an der Straße stehen.«

Wie recht er hatte, sollte ich nicht erst gute zwei Monate später in Skandinavien feststellen, mit einem dunkelhaarigen, bärtigen Mann an meiner Seite.

Anstatt uns wie vorgesehen an der Bundesstraße absetzen zu lassen, fuhren wir mit nach Lindau und stiegen am Hafen aus. Wir hatten ja Zeit und wollten uns ein wenig umschauen. Von der Seepromenade aus ging es gemütlich in die Innenstadt. Wir blieben vor den Geschäften stehen und schauten uns die Auslagen an. Selma zog es zur Sommerkleidung, mich zu den Sportartikeln.

Nur Gucken genügte uns nicht. Wir kauften ein und vergaßen alles andere.

Als wir Stunden später auf dem Weg zur Bundesstraße waren, trug Selma außer ihrer Umhängetasche zwei große Taschen mit lauter bunten Sommersachen, während ich außer meiner Wochenendtasche einen Rucksack auf dem Rücken hatte. Er war gefüllt mit einer gelben Regenjacke, auch »Öljacke« genannt, wie der Verkäufer mir erklärt hatte, einem leichten und gebirgstauglichen Daunenschlafsack und warmen Socken für den Norden. Dass es in Skandinavien im Sommer durchaus auch warm sein konnte, hatte er mir nicht gesagt. Zuletzt hatte ich mir eine hässlich-grüne Isomatte aufschwätzen lassen, die sich zusammengerollt auf den schönen neuen Rucksack schnallen ließ.

Zufrieden mit unseren Käufen, die unser Ausflugsbudget natürlich überschritten und mich gezwungen hatten, Geld vom mitgenommenen Postsparbuch abzuheben, standen wir wieder an der Straße und hielten die Arme ausgestreckt. Neben uns aufgetürmt unser neuer Besitz, über uns ein Himmel, der sich langsam zuzog. Auf der Straße viele Autos, von denen keines anhielt. Die meisten vollgestopft mit Ausflüglern, die nach Hause oder in ihre Ferienunterkunft zurückwollten.

Als auch wir endlich begriffen, was da auf uns zukam, war es zu spät, trocken zum Bahnhof zu kommen. Wir rafften unser Zeug zusammen und rannten durch den Regen. Ich hatte immerhin die neue »Öljacke« an und mein Gepäck auf dem Rücken.

Bis wir zu einer überdachten Bushaltestelle mit Bank kamen, waren Selma und ihre neue Sommergarderobe so nass wie der Boden unter unseren Füßen. Ich rollte die Isomatte aus, die weitgehend trocken war, und legte sie für uns über die Bank.

Das war doch ziemlich gemütlich, fand ich. Außerdem roch es angenehm von den Feldern um uns herum nach nassem Gras und feuchter Erde.

Nach dem Gewitter packten wir unsere Sachen und sahen zu, dass wir zum Bahnhof kamen. An Überlingen dachten wir nicht mehr.

Mit dem nächsten Zug ging es zurück nach Oberstaufen. Ich würde von der Klinik aus die Pension anrufen und sagen, dass wir leider verhindert wären und nicht kommen könnten.

Auf jeden Fall war ein Anfang gemacht, dachte ich. Trampen ist eine tolle Sache. Man darf es nur nicht aus den Augen verlieren.

Und was sagen die Eltern?

Vor meiner geplanten Skandinavienreise besuchte ich meine Eltern in Oberhausen. Ich erzählte wenig oder eigentlich gar nichts von meinen Erlebnissen in Oberstaufen. Von Krankheit und Kliniken wusste mein Vater selbst genug, darüber wollte er bestimmt nichts hören. Und was ihn bestimmt interessiert hätte, wollte ich nicht erzählen. Zum Beispiel die Geschichte mit dem Trampen.

Das war sehr vernünftig von mir, weil es meine Pläne womöglich durchkreuzt hätte. Mein Vater war ein Mensch, der fast überall Gefahren witterte, da hieß es vorsichtig mit Informationen sein. Im Gegensatz zu meiner Mutter, die mehr Vertrauen hatte.

Ich erwähnte also nur beiläufig, im Sommer nach Skandinavien fahren zu wollen und ließ offen, wie die Reise verlaufen würde. Ich wusste es ja selbst nicht genau und ließ alles auf mich zukommen.

1970 war man erst mit einundzwanzig Jahren volljährig und ich war gerade neunzehn geworden. Um mögliche Probleme beim Trampen zu vermeiden, kam ich auf die Idee, mir von meinem Vater bescheinigen zu lassen, dass er mit dieser Reise einverstanden sei. Gesagt, getan. Wir setzten einen Text auf, an dem mein Vater zwei Tage lang feilte, bis er zufrieden und bereit war, seine Unterschrift darunter zu setzen. Sinngemäß stand auf dem Blatt Papier nicht mehr als das: »Ich bin damit einverstanden, dass meine Tochter Ilka den August 1970 in Skandinavien verbringt.« Das genügte mir.

Vor meinen Augen entstand ein Sommermärchen, das sich hauptsächlich in der Fortbewegung abspielte, von einer malerischen Kulisse zur nächsten per Autostopp. Mein Vater hingegen sah vermutlich ein Hotel, oder eine kleine Hütte an einem schwedischen See, wo seine Jüngste und ihr unbekannter Freund vier Wochen Urlaub machen würden.

Wir sollten uns beide täuschen.

Dass Hotel und Hütte unrealistisch und unbezahlbar für zwei junge Habenichtse war, spielte für meine Eltern offenbar keine Rolle. Hauptsache, sie hatten eine Vorstellung, die keine Fragen aufwarf und sie nicht weiter beschäftigte.

Wie hätte mein Vater reagiert, wenn er auch nur einen Hauch von Ahnung gehabt hätte? Vom Trampen und Übernachten im Freien, mal in Autobahnnähe, mal vor einer Großstadtjugendherberge, die schon geschlossen war, als wir in der Nacht ankamen? Von Körperpflege im Waschraum eines Osloer Museums?

Er hätte sich die Haare gerauft!

Und dass ich über 4000 km weit Richtung Norden kommen würde? Das hätte er vermutlich nicht geglaubt, genauso wenig wie ich.

Notgeld aus Oberstaufen

Bloß nichts Unnützes oder Schweres mitschleppen. An dieses oberste Gesetz für jeden Tramper dachte ich, als ich meinen Rucksack für Skandinavien packte.

Mein Schuhwerk war entsprechend speziell: Beim Trampen trug ich Holzsandalen, die am Ende völlig abgelaufen und nicht mehr zu verwenden waren, auf Bergtouren normale Lederschuhe, die mir leider niemand ausgeredet hatte.

Der zweite Vorsatz war mindestens genauso wichtig: Sparsam mit dem Geld umgehen. Für fünf Wochen Nordeuropa hatte ich 400 DM in bar dabei, untergebracht in einem dünnen Lederbrustbeutel. Eine praktische Erfindung, die ich auch noch nicht lange kannte.

Das Geld musste für Essen und Trinken und für Fähren und Jugendherbergen reichen. Außerdem würde ich Karten schreiben und Briefmarken kaufen.

Ohne Autostopp wäre es mir vermutlich schon auf der Hinreise kurz hinter Kopenhagen ausgegangen.

Das Trampen entsprach dann nicht ganz der Erfahrung, die ich mit Selma gemacht hatte. Es gab Tage, da kamen wir kaum vom Fleck, weil wenig Autos unterwegs waren und keines hielt. Manchmal warteten wir Stunden, bis uns jemand mitnahm. Und saßen wir endlich in einem Auto, fuhr es oft so langsam, dass wir an einem Tag nicht mal 100 km weit kamen.

Dafür blieben aber die Windschutzscheiben heil. Die Europastraßen im Norden hatten damals oft nur Schotterbelag.

Auf all das hatte mich mein »Probetrampen« im Allgäu nicht vorbereitet. Aber Spaß machte es trotzdem. Wir kamen, sparsam mit unserem Geld wirtschaftend, sehr, sehr weit nach Norden.

Nördlich von Tromsö lernten wir eine sehr mütterliche Zimmervermieterin kennen. Frau Haugelid überließ uns ein Zimmerchen in ihrem Privathaus, verlangte fast nichts dafür, und verwöhnte uns zwei Tage lang mit leckeren Speisen.

Fast am Ende der Reise, in Kopenhagen, war das Geld dann tatsächlich ausgegeben. Aber sofort weiterreisen kam nicht in Frage. Ich wollte unbedingt durch Kopenhagen stromern und ich wollte mir die vielen Antiquariate anschauen, von denen Hans geschwärmt hatte. Wohnen konnten wir kostenlos bei einer dänischen Bekannten, die Hans von seiner ersten Skandinavienreise kannte.

Zum Glück hatte ich vorgesorgt: In Oberstaufen war mit Jürgen, dem netten Pfleger von Station 1, verabredet, dass er mir im »Notfall« Geld schicken würde. Als ich ihn anrief, musste ich ihm nichts vormachen. Jürgen verstand sofort, dass ich die 100 Mark, die er mir vorstrecken würde, fürs reine Vergnügen brauchte. Das »Notgeld« kam per Postanweisung innerhalb eines Tages und war in den zwei folgenden Tagen fast aufgebraucht.

Jetzt konnte es wieder Richtung Süden gehen.

Schlabbrige Cordhosen

1970 waren mir Jeans noch absolut fremd. Auf fast allen Fotos trug ich Minirock, Kniestrümpfe und Halbschuhe, egal zu welcher Jahreszeit. Oft eine weiche, braune Wildlederjacke, um die sich meine Enkelkinder heute reißen würden. Leider kann ich sie ihnen nicht schenken. Sie ist irgendwann aus meinem Schrank verschwunden.

Und nicht zu vergessen den teuren Anorak, den ich in Oberstaufen gekauft hatte und der im Gegensatz zur Lederjacke warm war. Es war übrigens der erste Anorak meines Lebens, bisher kannte ich nur Jacken und Mäntel.

Wie habe ich ohne Erfrierungen den kalten und schneereichen Winter überstanden? Wohl kaum mit Halbschuhen! Ich muss mit Wintermantel und warmen Stiefeln nach Oberstaufen gekommen sein, nur sind sie auf keinem Bild zu sehen. Selbst beim nicht unbedingt ernstzunehmenden Schneeschaufeln sieht man mich auf einem Foto mit leichter Kleidung und Halbschuhen.

Hosen waren aus Sicht meines Vaters keine Kleidungsstücke für Frauen, sondern eher etwas, das man verbieten sollte. Deshalb hatte ich außer einem schicken grauen Hosenanzug mit Paisleymuster weder eine Jeans noch eine Cordhose in meinem Gepäck, als ich ins Allgäu kam.

Aber spätestens bis zum Sommer hatte sich das geändert. Beim Trampen in Skandinavien trug ich abwechselnd eine helle, schlabbrige Cordhose und eine Jeans.

Ein Twinset gehörte auch zu meiner Garderobe, also ein Strickshirt mit passender Jacke.

Passend zum Twinset und zu den Kniestrümpfen der damals angesagte »Courrèges-Haarschnitt«. Die Frisur gefällt mir heute noch.

Seit ich etwa fünfzehn war und eine Arzthelferinnenlehre absolvierte, bestimmte ich selbst, welche Frisur ich trug. Mit meinem ersten Lohn, beziehungsweise »Lehrgeld« ging ich zum Friseur. Die gesamte Kindheit hindurch hatte mein Vater mir die Haare geschnitten und mal mehr mal weniger Schaden angerichtet.

Als ich Oberstaufen verließ und anfing zu sparen, fiel der Friseurbesuch eine Zeitlang weg. Die Haare wurden wieder länger, fielen auf die Schultern.

Das gefiel dem Mann, den ich in der Klinik kennen gelernt hatte und später heiratete.

Gegenseitiges Beschnuppern

Ich wollte nur noch bis zum Jahresende in Oberstaufen bleiben und fing im Herbst an, Stellenanzeigen zu lesen. Eine Anzeige zog mich besonders an: Ein Chirurg aus Ebingen, Oberarzt am dortigen Krankenhaus, plante die Eröffnung einer eigenen Praxis in München und suchte unter anderem zwei Arzthelferinnen. Der Haken an der Sache: Die Praxis würde frühestens im April 1971 starten und ich suchte Arbeit ab Januar. Ich bewarb mich trotzdem.

Dr. Fellner war interessiert und meinte, es gäbe eventuell eine Lösung für mein Problem.

Um sich ganz sicher zu sein, dass er auf das richtige Pferd, beziehungsweise die geeignete Arzthelferin setzte, wollte er mich kennenlernen.

Er kam mit seiner Frau nach Oberstaufen. Beide holten mich in der Klinik ab und luden mich zum Essen im Ort ein. Danach saßen wir noch eine Weile zusammen; genügend Zeit, uns gegenseitig zu beschnuppern.

Das Ergebnis war auf beiden Seiten positiv. Als das Ehepaar wieder abfuhr, war mein zeitliches Problem so gut wie gelöst. Dr. Fellner würde sich um eine befristete Anstellung in der Chirurgischen Ambulanz »seines« Krankenhauses kümmern. Ich könnte dort Erfahrungen sammeln und wäre anschließend bestens auf meine Tätigkeit in seiner Praxis in München vorbereitet.

Das klang wirklich gut, und der Umweg über die Schwäbische Alb nach München war auch nichts, worüber ich groß nachdenken musste.

Das Krankenhaus bot mir sogar einen Verlängerungsvertrag an, sollte sich die Praxiseröffnung in München verschieben. Mehr konnte ich wirklich nicht erwarten.

Das Wichtigste war für mich, nach München zu kommen, wo Hans sich im Frühjahr an der Uni einschreiben würde. Auch seine Zeit in Oberstaufen ging zu Ende, und wir hatten die Idee, eventuell zusammenzuziehen. Er würde studieren und ich arbeiten und nach Möglichkeiten schauen, das Abitur nachzuholen.

Wie sich zeigte, gab es diese Möglichkeiten tatsächlich. Ich würde nicht mehr lange als Arzthelferin arbeiten, was ich Ende 1970 aber noch nicht ahnte. Damals freute ich mich einfach auf die Übergangsstelle und darauf, weiterhin Erfahrungen zu sammeln.

Vom Allgäu zur Alb

Ab etwa Anfang Dezember fing ich an zu packen. Was bräuchte ich bis zum Jahresende, solange ich noch in der Klinik war? Was in der befristeten Zeit in Ebingen? Und worauf konnte ich die nächsten Monate komplett verzichten?

Ich begann kleine Kartons mit den Dingen zu füllen, die ich die nächsten Monate nicht benötigen würde: Bücher, Bilder, Haushaltsgegenstände, Kleinkram.

Bei jeder seiner Fahrten nach Kempten nahm Hans ein Paket mit und stellte es im Keller seiner Eltern unter, die davon vermutlich gar nichts wussten. Meine Schreibmaschine kam auch nach Kempten.

Der unwiderruflich letzte Tag in Oberstaufen ähnelte dem Tag meiner Ankunft: Der Ort war märchenhaft schön eingeschneit und es war so kalt, wie es heute nicht mehr vorstellbar ist.

Ich machte eine letzte Runde durchs Haus, um mich auch von denen zu verabschieden, die ich zuletzt nicht mehr gesehen hatte. Auf Station 1 traf ich Schwester Karin und Dr. Dürwanger bei einer Tasse Kaffee im Stationszimmer.

Nachdem ich vorher getrödelt hatte und jetzt schauen musste, weiterzukommen, bekam ich den erwartbaren Lieblingsspruch Dr. Dürwangers mit auf den Weg: »Fräulein Ilka, denken Sie daran, Eile ist kein Zeichen von Stärke!«

Verrückter Dr. Dürwanger, ich würde ihn vermissen! Und einige andere auch, und Oberstaufen und Tante Gretl sowieso.

Nach Neujahr begann meine Arbeit im Krankenhaus in Ebingen. In der chirurgischen Ambulanz lernte ich nicht nur, welches OP-Besteck für welche Eingriffe gebraucht wurde und welches Operationsgarn der Chirurg brauchte, sondern auch Patienten auf Eingriffe vorzubereiten. Besonders an Wochenenden kamen regelmäßig Unfallopfer und Verletzte nach häuslichen Konflikten in die Ambulanz. Ich lernte, damit umzugehen. Nach und nach gelang es mir, mich vom Tragischen und Unvorhersehbaren nicht überrumpeln zu lassen.

Notgedrungen lernte ich auch, mit dem Alleinsein zurechtzukommen. Ich hatte so gut wie keine privaten Kontakte, bemühte mich allerdings auch nicht darum. Mein Zimmer im Krankenhaus wurde kein gemütliches Heim, sondern eine Bleibe auf Zeit mit wenig persönlichen Dingen um mich herum. Abends ging ich manchmal in die Ambulanz und half mit. Das stand nicht in meinem Vertrag, aber es half gegen die Einsamkeit.

An einigen Wochenenden kam Hans aus München mich besuchen. Geld für den Zug hatte er nicht. Er trampte und machte hässliche Erfahrungen. Einmal hielt jemand auf der Straße an, kurbelte das Autofenster herunter und giftete: »Wenn du mei Sohn wärscht, tät i dir die Hor mit der Beißzange einzeln rausreiße!«

Ich war froh, als die Zeit in Ebingen vorbei war. Ganz anders als mit der Allgäuer Mundart, in die ich mich so leicht eingehört hatte, ging es mir mit dem Dialekt, der auf der Schwäbischen Alb gesprochen wird. Manchmal verstand ich fast gar nichts.

Aber für ein Gastspiel war es auch nicht unbedingt erforderlich, mit mundartlichen Finessen klarzukommen. Jedenfalls stand davon nichts in meinem Arbeitsvertrag.

Besuch bei Selma

Eine Zeitlang – ich war mittlerweile nach München gezogen – hatte ich Selma aus den Augen verloren. Als sie sich schließlich meldete, war sie von ihrer Balkanreise zurück und arbeitete wieder als Arzthelferin. Zwar nicht im beschaulichen Ostseebad Dahme, ihrem Heimatort, aber auch nicht weit entfernt in einer neu eröffneten Klinik in *Damp 2000,* zwischen Kiel und Flensburg gelegen.

Dort besuchten Hans und ich sie, als wir auf dem Rückweg von unserer zweiten Norwegenreise waren – und erlebten einen Schock.

Damp 2000 im Sommer 1973

Da stand ein riesiger Gebäudekomplex, der alles andere zu Miniaturen werden ließ. Wo vorher vereinzelt ein paar Häuschen gestanden haben mussten, war eine Bettenburg entstanden, deren Ausmaße nicht nur uns, sondern auch den Menschen, die dort lebten, die Sprache verschlagen haben dürfte.

Ursprünglich als reine Hotelanlage mit 7000 Betten geplant, war mittlerweile ein kompletter Hochhausturm zu einer Klinik umfunktioniert worden.

Im Vergleich zu dieser monströsen Anlage schrumpfte die Schlossbergklinik in meiner Erinnerung zu einem schmächtigen Ein-Zimmer-Appartement.
Das Ganze kam mir vor wie ein nach außen gekehrter Operationssaal: steril bis in die letzte Betonpore. Für mich unvorstellbar, hier heimisch zu werden. Selma fühlte sich offensichtlich wohl in Damp und war die ganze Zeit regelrecht aufgekratzt.

Ausflug mit Selma

Wir liehen uns ein Tridem aus und fuhren ein bisschen in der Gegend herum. »Gar nicht übel die Umgebung«, war Hans' Kommentar, als wir die Hotel-Klinik-Anlage hinter uns gelassen hatten. Ich fand, dass es hier oben am Meer plötzlich richtig schön war.

Als ich Selma das nächste Mal sah, lag unsere Arzthelferinnenzeit lange hinter uns. Sie hatte in Hamburg das Abitur gemacht, ich in München.

Danksagung

Zuerst ein warmherziges Dankeschön an alle, die ihre Erinnerungen an eine lange zurückliegende Zeit mit mir geteilt haben. Bei einigen waren es kleine Erinnerungssplitter, bei anderen lebhaft erzählte Episoden; alles ließ sich wunderbar mit meinen Erinnerungen verknüpfen.
Auch wenn ich sämtliche Namen, nicht nur die von Patienten, geändert habe, werden sich einige in der einen oder anderen Geschichte wiederfinden. In zwei oder drei habe ich mich keck hineingeschmuggelt; man möge es mir nachsehen!

Ich danke u. a. Dr. Peter Stainer, der einige Geschichten vorab gelesen und kritisch kommentiert hat, sowie meiner Lektorin Caroline Mascher für die wertvolle Zusammenarbeit.

Dank auch an meinen Sohn Erik für seine Mitarbeit am Buchcover.

Ilka Scholz

Warum ich keine Stewardess wurde

Kindheit und Jugend
im Ruhrgebiet
der 1960er Jahre

2024, 120 Seiten mit Fotos,
ISBN 978-3-7455-1167-3
17,90 Euro

»Kindheit und Jugend im Ruhrgebiet der 1960er Jahre. Schauplatz ist Oberhausen, herangezoomt fällt der erzählte Erinnerungsblick auf die Westerwaldstraße als Dreh- und Angelpunkt. Ilka Scholz hat dafür eine klare, wohltemperierte Sprache gefunden, die die Geschehnisse ganz gegenwärtig macht, ohne sie aus der Zeit zu reißen, in der sie sich zugetragen haben. […]
Man darf auf eine Fortsetzung hoffen.«
ARNDT WIEBUS, Buchhändler, WAZ/NRZ Lokalredaktion Oberhausen

»Mit klarem Blick für die wichtigen Momente des Lebens erzählt Ilka Scholz von der ›kleinen Welt‹ ihrer frühen Jahre in Oberhausen.«
THOMAS LANG, Schriftsteller, 2005 Ingeborg-Bachmann-Preis für einen Auszug aus seinem Roman »Am Seil«

»Mich hat das Buch von Ilka Scholz mitgenommen in meine eigene Kindheit und Jugend, die ebenfalls geprägt war von vielen Einschränkungen: Ruhrgebiet, Autoritäten, sture Eltern und der ›Mind Gap‹. Also der Lücke in den Träumen von kleinen Mädchen über ihre eigene Zukunft.«
GERBURG JAHNKE, Comedienne, Autorin, Regisseurin